JN437643

한국문명교류연구소 교양총서 02

타밀어 입문

양기문 지음

HU:iNE

추천의 글

우리에게 마냥 낯설게만 보이는 이 초간(初刊)의 타밀어 기초 학습서를 굳이 추천하는 이유는 어디에 있을까? 그 이유는 한마디로, 원래가 낯설지 않은, 그래서 진작 나왔어야 했을 책이라는 데 있다.

일찍이 미국 선교사 헐버트는 저서 『한국어와 드라비다 제어(諸語)의 비교문법』(1905년)에서 음운과 품사뿐만 아니라, 80개 어휘의 어원에서 두 언어 간에 상당한 상관성이 있다고 주장하였다(가칭 '헐버트설'). 그러나 그 후 70~80년이 지나도록 한국어학계에서는 한국어의 외연성과 관련된 이 놀라운 일설이 '무가치'의 낭설로 거의나 도외시되었다. 그러는 사이 일본어학계는 이 설에서 암시를 받아 일본어와 타밀어 사이에 있는 수백 개의 '유사단어'에 근거, 두 언어의 '친연성'을 정론화하고, 더 나아가 타밀문명이 일본 야요이문명의 '원동력'이 되었다는 논조까지 내놓았다.

그간 이른바 '우랄-알타이어계'가 한국어 계통의 주류로 풍미해 온 풍토에서 아류 측에도 끼지 못한 이 '헐버트설'은 종시 찬밥신세를 면치 못하였다. 그러나 다행히 학자의 양식으로 두 언어의 상관성을 밝혀내는 데 한평생을 바친 학자 한 분, 오직 한 분만이 있었으니, 그가 바로 고 강길운 박사다. 강 박사는 연구에 길잡이가 될 관련 사전과 노작 몇 권을 유작으로 남겨 놓았다.

참 학문의 불꽃은 그 어느 때인가 불길이 되어 몽매와 무지의 어둠을 밝혀 주는 법이다. 우연히 7년 전 캐나다 토론토에서 결성되어 활동하고 있는 '한국타밀연구회' 김정남 회장님으로부터 '두 언어의 비교사전' 출간을 비롯한 연구회 활동에 관한 낭보가 전해왔다. 평소 남방 해양문명의 교류에 관심을 갖고 있으면서 '헐버트설'을 귀동냥했던 필자에게는 일대 충격이며 각성제였다. 이것이 계기가 되어 비록 언어학자는 아니지만, 문명교류사적 시각에서 두 언어와 두 지역 문화의 상관성문제에 접근하기로 작심하였다. 2011년 1월 타밀어의 본향인 남인도 타밀나두 일원을 답사하면서 타밀어를 원어민으로부터 직접 채록하고, 두 언어의 어휘나 문법을 견줘보기도 하였다.

귀국 후 곧바로 한국문명교류연구소 임원들과 한국해양연구소 초빙연구원으로 내한한 칸난 박사를 비롯한 5명의 재한 타밀인(서울 경기지역에 500명, 전국에 약 1천명) 대표들과 좌담회를 가졌다. 대표들로부터 두 언어의 상관성을 비롯해 두 지역 간의 문화적 공통성에 관해 실로 귀중한 증언과 제언을 경청하였다. 쌍방의 일치한 견해는 우리가 하루속히 타밀어와 타밀문화를 습득하는 것이었다. 결과 그해 6월 17일 서울대 농과대학 박사과정 출신의 하리 박사(본서의 수감자)를 교사로 모시고 이 책의 저자와 필자, 연구소 연구원과 고등학교 학생을 포함한 8명의 수강생으로 '타밀어 학습반'을 꾸리고, 2013년 6월까지 제1기를 수료하였다. 그리고 개학하자마자 수강생들은 강 박사님을 찾아가 가르침을 청하였다. 그러나 얼마 지나지 않아 애석하게도 박사님은 유명을 달리하였다.

저자 양기문 연구원은 수강생 가운데서 발군의 열성과 언어능력을 발휘해 난도(難度) 높은 이 생소한 언어에 놀라울 정도로 빨리, 그리고 깊이 다가섰다. 급기야 언어학계 사상 처음으로 한국어로 된 타밀어 학습서를 창작하기에 이르렀다. 이것은 언어학계의 한낱 쾌거가 아닐 수 없다. 비록 기초 학습서로서 미흡하고 불급(不及)한 점이 없지 않지만, 이 책의 출간이 작금 세상에서 가장 오래된 '산 언어'의 하나라고 하는 타밀어에 대한 개안(開眼)의 계기가 되고, 또한 이것이 한국어와 타밀어, 한국문화와 타밀문화 간의 상관성뿐만 아니라, 일부 고대 한국어의 어원에 관한 얽히고설킨 실타래와 수수께끼를 푸는 열쇠가 되기를 기대한다. 그러면서 추천자로서 특히 한국언어학계 제현들의 관심과 질정을 바라마지않는다.

한국문명교류연구소

소장　정수일

저자서문

타밀어는 타밀-브라흐미(Tamil-Brahmi, BC 5세기 추정)에 처음 보인다. 타밀어의 문법은 톨캎-피얌(தொல்காப்பியம், BC 3세기 추정)이라는 타밀 고대 서사시에 처음으로 정리되어 나타난다. 중세와 근대를 거쳐, 오늘날 타밀어는 인도 남부 타밀나두주를 비롯해 스리랑카, 말레이시아, 싱가포르 등 전 세계 8천만 명 이상이 활발하게 사용하는, 세계에서 가장 오래된 언어의 하나가 되었다.

문명간의 심층적 교류는 언어를 매개로 이뤄진다. 한국어와 타밀어 사이에는 유사성이 많다. 이로 미루어 고대에 두 언어 사이에는 심층적 교류가 있었음을 가정할 수 있다.

두 언어 사이의 심층적 교류의 근거를 어휘적 측면과 문법적 측면에서 찾아볼 수 있다. 먼저 어휘적 측면에서 한국어와 타밀어 사이에 동의어나 유사어가 많다. '암-마(ஆம்மா 엄마)', '앞파-(அப்பா아빠)' 와 같이 가족 구성원과 관련된 어휘, '난-(நான்나)', '니-(நீ너)'와 같이 인칭대명사와 관련된 어휘, '마루(மரு산)', '마라이(மலை언덕)'와 같이 지형과 관련된 어휘, '웇치(உச்சி위)', '울래-(உள்ளே안)'와 같이 위치와 관련된 어휘, '무트루(முற்று 문드러지다)', '아리달(அறிதல்알다)', '이루달(இருதல்이다/있다)'과 같이 동작이나 상태와 관련된 어휘, '사리(சரி맞음/정확함)', '이-두(ஈடு동의어/등가물)'와 같이 추상적 개념과 관련된 어휘 등이 그 대표적 예이다. 이렇듯 두 언어 사이에는 구체적 사물이나 일상을 지칭하는 어휘뿐만 아니라 추상적 개념이나 관념을 지칭하는 어휘에서도 유사성이 있다는 것을 알 수 있다.

다음으로 두 언어 사이에 문법적 유사성도 적지 않다. 문장의 어순이 우리말과 같이 '주어+목적어+서술어' 인 점, 여격(與格))조사나 목적격조사를 생략하고 말할 수 있다는 점, 극히 소수의 동사를 제외하고 사전(辭典)상의 모든 동사의 어말어미가 '-달(-தல்)'로 끝난다는 점, 서술어가 '어간+선어말어미+어말어미'의 3요소로 구성된다는 점, 형용사나 부사가 명사나 동사 앞에서 수식한다는 점, 지시어가 '이, 그, 저' 3 개로 나뉜다는 점 등이 문법적 유사성을 시사하는 몇 가지 예이다.

'처음'이라는 의미를 빼면, 여러모로 부족한 점이 많은 입문서다. 이 입문서가 타밀어 초학자들에게 길잡이가 되고, 한국어와 타밀어 간의 상관성을 밝히는 데서 시사점이라도 제공해 주었으면 하는 기대를 갖는다. 나아가 타밀어의 언어학적 연구를 유발하는 데도 일조가 된다면 저자로서는 큰 보람이 아닐 수 없다.

낯설면서도 어딘가 모르게 친근감이 느껴지는 타밀어, 그 수수께끼를 풀어보려고 시작한 공부가 이 입문서의 출간으로까지 이어지게 된 것은 많은 분들의 가르침과 격려, 그리고 지원이 있음으로 하여 비로소 가능하였다. 우선, 이 나라 타밀어 연구의 선각자이신 고 강길운 선생님과 캐나다의 '한국어-타밀어연구회' 김정남 회장님, 타밀어를 가르쳐주고 이 책을 감수까지 해주신 하리(Dr. Hari) 박사님께 심심한 사의를 표한다. 더불어 공부의 기회를 마련하고 이 책의 출판을 지원해준 한국문명교류연구소의 배려에도 감사를 드린다. 끝으로, 생소한 책의 출간을 흔쾌히 맡아주신 한국외국어대학교 지식출판원 권원순 원장님과 신선호 팀장님의 노고에 위로와 감사의 말씀을 전하는 바이다.

인왕산 자락 연구소에서
양기문

목 차

제3부 독해와 작문

제1부
모음과 자음

தமிழ் அறிமுகம்

모음(உயிர் எழுத்துக்கள் 우일 에룯툭칼)

1	2	3	4
அ	ஆ	இ	ஈ
아	아-	이	이-
5	6	7	8
உ	ஊ	எ	ஏ
우	우-	에	애-
9	10	11	12
ஐ	ஒ	ஓ	ஔ
아이	오	오-	아우/오우

자음(மெய் எழுத்துக்கள் 메이 에룯둑칼)

1	2	3	4
க் ㅋ/ㄱ/ㅎ	ங் ㄴ/잉	ச் ㅅ/ㅈ/ㅊ	ஞ் ㄴ
5 ட் ㅌ/ㄷ	6 ண் ㄴ	7 த் ㄷ/ㅌ	8 ந் ㄴ
9 ப் ㅍ/ㅂ	10 ம் ㅁ	11 ய் 이	12 ர் ㄹ(r)
13 ல் ㄹ(L)	14 வ் ㅂ(v)/ㅇ	15 ழ் ㄹ(r)	16 ள் ㄹ(L)
17 ற் ㄹ(r)	18 ன் ㄴ		

1. 모음 உயிர் எழுத்துக்கள்

1) அ(/아/) அம்மா(/암마-/) 엄마

아(단모음) – 한국어에서 '아이', '아빠'와 같은 낱말 속의 '아'와 동일하게 발음한다.

2) ஆ(/아-/) ஆறு(/아-루/) 강

아-(장모음) – 한국어에서 '아무렴', '아무개'와 같은 낱말 속의 '아'와 동일하게 발음한다.

3) இ(/이/) இங்கே(/잉개-/) 여기

이(단모음) – 한국어에서 '이바지', '이번'과 같은 낱말 속의 '이'와 동일하게 발음한다.

4) ஈ (/이-/) ஈடு (/이-두/) 동의어/등가물

이-(장모음) – 한국어에서 '이방인', '이별'과 같은 낱말 속의 '이'와 동일하게 발음한다.

5) உ (/우/) உள் (/울/) 내부/안

우(단모음) – 한국어에서 '우유', '우승자'와 같은 낱말 속의 '우'와 동일하게 발음한다.

6) ஊ (/우-/) ஊர் (/울-) 마을/촌

우-(장모음) – 한국어에서 '우정', '우주' 와 같은 낱말 속의 '우'와 동일하게 발음한다.

7) எ (/에/) எதிர் (/에딜/) 반대하다

에(단모음) – 한국어에서 '에너지', '에누리'와 같은 낱말 속의 '에'와 동일하게 발음한다.

8) ஏ (/애-/) ஏணி(/애-니/) 사다리

애-(장모음) – 한국어에서 '애국', '애마'와 같은 낱말 속의 '애'와 동일하게 발음한다.

9) ஐ (/아이/) ஐந்து(/아인두/) 다섯

아이(장모음) – 한국어에서 '아이'와 같은 낱말 속의 '아이'와 동일하게 발음한다.

10) ஒ (/오/) ஒரு(/오루/) 하나(의)

오(단모음) – 한국어에서 '오동나무' 와 같은 낱말 속의 '오'와 동일하게 발음한다.

11) ஓ (/오-/)  달리다

오-(장모음) – 한국어에서 '오락'과 같은 낱말 속의 '오'와 동일하게 발음한다.

12) ஔ(/오우/아우/) ஔதசியம்(/아우다시얌/) 우유

아우(장모음) – 한국어에서 '아우'와 같은 낱말 속의 '아우'와 동일하게 발음한다.

아이담 – 문학작품 안에서만 쓰인다. 평소에는 잘 쓰이지 않는다.

2. 자음 மெய் எழுத்துக்கள்

1) க்(/ㅋ/ㄱ/)

க்(ㅋ, ㄱ) பக்கம்(/팍캄/) 페이지, 쪽

2) ங்(ㄴ, 잉)

ங்(ㄴ, 잉) சிங்கம்(/싱감/) 사자

3) ச்(/ㅅ/ㅈ/ㅊ/)

ச்(ㅅ, ㅈ, ㅊ) தச்சன்(/닻찬/) 목수

4) ஞ்(/ㄴ/)

ஞ்(ㄴ)

இஞ்சி(/인지/) 생강

5) ட்(/ㅌ/ㄷ/)

ட்(ㅌ, ㄷ)

பட்டம்(/팥탐/) 연

6) ண்(/ㄴ/)

ண்(ㄴ)

வண்டி(/반디/) 수레

7) த்(/ㄷ/ㅌ/)

த்(ㄷ)

கத்தி(/칼티/) 칼

8) ந்(/ㄴ/)

ந்(ㄴ) பந்து(/판두/) 공

9) ப்(/ㅍ/)

ப்(ㅍ) அப்பா(/앞파-/) 아빠

10) ம்(/ㅁ/)

ம்(ㅁ) நகம்(/나감/) 손톱

11) ய்(/이/)

ய்(이) பாய்(/파-이/) 매트

12) ர்(/ㄹ/)

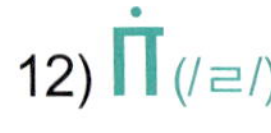

ர்(ㄹ) சுவர்(/수발/) 벽

13) ல்(/ㄹ/)

ல்(ㄹ) பல்(/팔/) 이빨

14) வ்(/ㅂ/)

வ்(ㅂ) எவன்(/에반/) 어떤 사람

15) ழ்(/ㄹ/)

ழ்(ㄹ) மகிழ்ச்சி(마길ㅊ치) 기쁨

16) ள்(/ㄹ/)

ள்(ㄹ) நாள்(/날-/) 날, 하루

17) ற்(/ㄹ/)

ற்(ㄹ) காற்று(카-트루) 바람

* 낱말에서 'ற்று' 가 이어질 경우 발음이 'ㄹ루' 에서 'ㅌ루'로 바뀐다.

18) ன்(/ㄴ/)

ன்(ㄴ) நான்(난-) 나

3. 모음과 자음의 결합
உயிர்மெய்யெழுத்துக்கள்

모음(உயிர்எழுத்துக்கள்) + 자음(மெய் எழுத்துக்கள்)
(우일에룰툭칼) + (메이에룰툭칼)
= 모음과 자음 (உயிர்மெய் எழுத்துக்கள்)
(우일메이에룰툭칼)

타밀어에는 12개의 모음과 18개의 자음이 있다. 이 모음과 자음이 결합하여 216 (12x18=216)개의 글자가 만들어진다. 이 과에서는 이 216개의 글자가 어떻게 만들어지는지에 대해서 배울 것이다.

모음과 자음의 결합 원리

1. 위에 온점이 있는(받침으로 쓰이는) 자음과 단모음 '아(அ)'가 결합하면 자음 위의 온점(◌்)이 없어지면서 단모음 '아'발음을 획득한다. 예를 들면, 받침으로 쓰이는 자음인 'ㅋ(க்)'이 단모음인 '아(அ)와 만나면 '카(க)'가 된다.
   'ㅋ(க்) ' + '아(அ)' = '카(க)'

2. 위에 온점이 있는(받침으로 쓰이는) 자음과 장모음 '아-(ஆ)'가 결합하면 자음 위의 온점(◌்)이 없어지면서 '아-'발음을 획득한다. 그러면서 '자음 + ◌ா'의 형태로 바뀐다. 예를 들면, 받침으로 쓰이는 자음인 'ㅋ(க்)'이 장모음인 '아-(ஆ)'와 만나면 장모음 '아-'발음을 획득하면서 '카-(கா)'의 형태가 된다.
   'ㅋ(க்)' + '아-(ஆ)' = '카-(கா)'

3. 위에 온점이 있는(받침으로 쓰이는) 자음과 단모음 '이(இ)'가 결합하면 자음 위의 온점이 없어지고 단모음 '이'발음을 획득하면서 '자음+ி'의 형태로 바뀐다. 예를 들면, 받침으로 쓰이는 'ㅋ(க்)'이 단모음 '이(இ)'와 결합하면 자음 위의 온점이 없어지고 단모음 '이'발음을 획득하면서 '키(கி)'의 형태가 된다.
'ㅋ(க்)' + '이(இ)' = '키(கி)'

4. 위에 온점이 있는(받침으로 쓰이는) 자음과 장모음 '이-(ஈ)'와 결합하면 자음 위의 온점이 없어지고 장모음 '이-'발음을 획득하면서 '자음+ீ'의 형태로 바뀐다. 예를 들어, 받침으로 쓰이는 'ㅋ(க்)'이 장모음 '이-(ஈ)'와 결합하면 자음 위의 온점이 없어지고 장모음 '이-'발음을 획득하면서 '키-(கீ)'의 형태가 된다.
'ㅋ(க்)' + '이-((ஈ)' = '키-(கீ)'

5. 위에 온점이 있는(받침으로 쓰이는) 자음과 단모음 '우(உ)'가 결합하면 자음 위의 온점이 없어지고 단모음 '우'발음을 획득하면서 '자음+ு'의 형태로 바뀐다. 예를 들어 받침으로 쓰이는 'ㅋ(க்)'이 단모음 '우(உ)'와 결합하면 자음 위의 온점이 없어지고 단모음 '우'발음을 획득하면서 '쿠(கு)'의 형태가 된다.
'ㅋ(க்)' + '우(உ)' = '쿠(கு)'

6. 위에 온점이 있는(받침으로 쓰이는) 자음과 장모음 '우-(ஊ)'와 결합하면 자음 위의 온점이 없어지고 장모음 '우-'발음을 획득하면서 '자음+ூ'의 형태로 바뀐다. 예를 들어 받침으로 쓰이는 'ㅋ(க்)'이 장모음 '우-(ஊ)'와 결합하면 자음 위의 온점이 없어지고 장모음 '우-'발음을 획득하면서 '쿠-(கூ)'의 형태가 되는 경우다.
'ㅋ(க்)' + '우-(ஊ)' = '쿠-(கூ)'

7. 위에 온점이 있는(받침으로 쓰이는) 자음과 단모음 '에(எ)'가 결합하면 자음 위의 온점이 없어지고 단모음 '에'발음을 획득하면서 'ெ+자음'의 형태로 바뀐다. 예를 들면, 받침으로 쓰이는 'ㅋ(க்)'이 단모음 '에(எ)'와 결합하면 자음 위의 온점이 없어지고 단모음 '에'발음을 획득하면서 '케(கெ)'의 형태가 된다.
'ㅋ(க்)' + '에(எ)' = '케(கெ)'

8. 위에 온점이 있는(받침으로 쓰이는) 자음과 장모음 '애-(ஏ)'와 결합하면 자음 위의 온점이 없어지고 장모음 '애-'발음을 획득하면서 'ே+자음'의 형태로 바뀐다. 예를 들어, 받침으로 쓰이는 'ㅋ(க்)'이 장모음 '애-(ஏ)'와 결합하면 자음 위의 온점이 없어지고 장모음 '애-'발음을 획득하면서 '캐-(கே)'의 형태가 된다.

'ㅋ(க்)' + '애-(ஏ) = '캐-(கே)'

9. 위에 온점이 있는(받침으로 쓰이는) 자음과 단모음 '아이(ஐ)'가 결합하면 자음 위의 온점이 없어지고 단모음 '아이'발음을 획득하면서 'ை+자음'의 형태로 바뀐다. 예를 들면, 받침으로 쓰이는 'ㅋ(க்)'이 단모음 '아이(ஐ)'와 결합하면 자음 위의 온점이 없어지고 단모음 '아이'발음을 획득하면서 '카이(கை)'의 형태가 된다.

'ㅋ(க்)' + '아이(ஐ)' = '카이(கை)'

10. 위에 온점이 있는(받침으로 쓰이는) 자음과 단모음 '오(ஒ)'와 결합하면 자음 위의 온점이 없어지고 단모음 '오'발음을 획득하면서 '자음+ொ'의 형태로 바뀐다. 예를 들어, 받침으로 쓰이는 'ㅋ(க்)'이 단모음 '오(ஒ)'와 결합하면 자음 위의 온점이 없어지고 단모음 '오'발음을 획득하면서 '코(கொ)'의 형태가 된다.

'ㅋ(க்)' + '오(ஒ)' = '코(கொ)'

11. 위에 온점이 있는(받침으로 쓰이는) 자음과 장모음 '오-(ஓ)'가 결합하면 자음 위의 온점이 없어지고 장모음 '오'발음을 획득하면서 '자음+ோ의 형태로 바뀐다. 예를 들면, 받침으로 쓰이는 'ㅋ(க்)'이 장모음 '오-(ஓ)'와 결합하면 자음 위의 온점이 없어지고 장모음 '오-'발음을 획득하면서 '코-(கோ)'의 형태가 된다.

'ㅋ(க்)' + '오-(ஓ)' = '코-(கோ)'

12. 위에 온점이 있는(받침으로 쓰이는) 자음과 장모음 '오우-(ஔ)'와 결합하면 자음 위의 온점이 없어지고 장모음 '오우-' 발음을 획득하면서 '자음+ௌ

의 형태로 바뀐다. 예를 들어, 받침으로 쓰이는 'ㅋ(க்)'이 장모음 '오우-(ஔ)'와 결합하면 자음 위의 온점이 없어지고 장모음 '오우-'발음을 획득하면서 '코우-(கௌ)'의 형태가 된다.

'ㅋ(க்)' + '오우-(ஔ)' = '코우-(கௌ)'

* 이하 17개의 자음과 모음이 결합할 때도 동일한 원리가 적용된다.

타밀어 자모음 결합의 실제

1. 먼저 타밀어의 첫 번째 자음인 'க்(ㅋ)'와 타밀어 모음과의 결합에 대해서 배워 보자.

모음 + 자음	அ 아	ஆ 아-	இ 이	ஈ 이-	உ 우	ஊ 우-	எ 에	ஏ 애-	ஐ 아이	ஒ 오	ஓ 오-	ஔ 오우-
க் ㅋ	க 카	கா 카-	கி 키	கீ 키-	கு 쿠	கூ 쿠-	கெ 케	கே 캐-	கை 카이	கொ 코	கோ 코-	கௌ 코우-

<주의해야 할 '우(우-)'모음과의 결합 형태>

받침으로 쓰이는 'ㅋ(க்)'이 단모음 '우(உ)'와 결합하면 자음 위의 온점이 없어지고 단모음 '우'발음을 획득하면서 '쿠(கு)'의 형태가 된다.

'ㅋ(க்)' + '우(உ)' = '쿠(கு)'

받침으로 쓰이는 'ㅋ(க்)'이 장모음 '우-(ஊ)'와 결합하면 자음 위의 온점이 없어지고 장모음 '우-'발음을 획득하면서 '쿠-(கூ)'의 형태가 되는 경우다.

'ㅋ(க்)' + '우-(ஊ)' = '쿠-(கூ)'

1. க் + அ = க (ㅋ + 아 = 카)　　க் + ஆ = கா (ㅋ + 아- = 카-)
2. க் + இ = கி (ㅋ + 이 = 키)　　க் + ஈ = கீ (ㅋ + 이- = 키-)
3. க் + உ = கு (ㅋ + 우 = 쿠)　　க் + ஊ = கூ (ㅋ + 우- = 쿠-)
4. க் + எ = கெ (ㅋ + 에 = 케)　　க் + ஏ = கே (ㅋ + 애- = 캐-)
5. க் + ஐ = கை (ㅋ + 아이 = 카이)
6. க் + ஒ = கொ (ㅋ + 오 = 코)　　க் + ஓ = கோ (ㅋ + 오- = 코-)
7. க் + ஔ = கௌ (ㅋ + 오우- = 코우-/카우-)

2. 타밀어의 두 번째 자음인 'ந்(ㄴ)' 와 타밀어 모음과의 결합에 대해서 배워보자.

모음 + 자음	அ	ஆ	இ	ஈ	உ	ஊ	எ	ஏ	ஐ	ஒ	ஓ	ஔ
	아	아-	이	이-	우	우-	에	애-	아이	오	오-	오우-
ந்	ந	நா	நி	நீ	நு	நூ	நெ	நே	நை	நொ	நோ	நௌ
ㄴ	나	나-	니	니-	누	누-	네	내-	나이	노	노-	노우-

<주의해야 할 '우(우-)'모음과의 결합 형태>

받침으로 쓰이는 'ㄴ(ந்)'이 단모음 '우(உ)'와 결합하면 자음 위의 온점이 없어지고 단모음 '우'발음을 획득하면서 '누(நு)'의 형태가 되는 경우다.

'ㄴ(ந்)' + '우(உ)' = '누(நு)'

받침으로 쓰이는 'ㄴ(ந்)'이 장모음 '우-(ஊ)'와 결합하면 자음 위의 온점이 없어지고 장모음 '우-'발음을 획득하면서 '누-(நூ)'의 형태가 되는 경우다.

'ㄴ(ந்)' + '우-(ஊ)' = '누-(நூ)'

1. ந் + அ = ந　　　ந் + ஆ = நா
   (ㄴ + 아 = 나)　　(ㄴ+ 아- = 나-)

2. ந் + இ = நி　　　ந் + ஈ = நீ
   (ㄴ+ 이 = 니)　　(ㄴ + 이- = 니-)

3. ந் + உ = நு　　　ந் + ஊ = நூ
   (ㄴ + 우 = 누)　　(ㄴ + 우- = 누-)

4. ந் + எ = நெ　　　ந் + ஏ = நே
   (ㄴ + 에 = 네)　　(ㄴ + 애- = 내-)

5. ந் + ஐ = நை
   (ㄴ + 아이 = 나이)

6. ந் + ஒ = நொ　　　ந் + ஓ = நோ
   (ㄴ + 오 = 노)　　(ㄴ + 오- = 노-)

7. ந் + ஔ = நௌ
   (ㄴ + 오우 = 노우-)

3. 타밀어의 세 번째 자음인 ‘ச்(ㅅ)’ 와 타밀어 모음과의 결합에 대해서 배워보자.

모음 + 자음	அ 아	ஆ 아-	இ 이	ஈ 이-	உ 우	ஊ 우-	எ 에	ஏ 애-	ஐ 아이	ஒ 오	ஓ 오-	ஔ 오우-
ச் ㅅ	ச 사	சா 사-	சி 시	சீ 시-	சு 수	சூ 수-	செ 세	சே 새-	சை 사이	சொ 소	சோ 소-	சௌ 소우-

<주의해야 할 ‘우(우-)’모음과의 결합 형태>

받침으로 쓰이는 ‘ㅅ(ச்)’가 단모음 ‘우(உ)’와 결합하면 자음 위의 온점이 없어지고 단모음 ‘우’발음을 획득하면서 ‘수(சு)’의 형태가 되는 경우다.

‘ㅅ(சு)’ + ‘우(உ)’ = ‘수(சு)’

받침으로 쓰이는 ‘ㅅ(ச்)’가 장모음 ‘우-(ஊ)’와 결합하면 자음 위의 온점이 없어지고 장모음 ‘우-‘발음을 획득하면서 ‘수-(சூ)’의 형태가 되는 경우다.

‘ㅅ(ச்)’ + ‘우-(ஊ)’ = ‘수-(சூ)’

1. ச் + அ = ச　　ச் + ஆ = சா
   (ㅅ + 아 = 사)　　(ㅅ+ 아- = 사-)

2. ச் + இ = சி　　ச் + ஈ = சீ
   (ㅅ + 이 = 시)　　(ㅅ + 이- = 시-)

3. ச் + உ = சு　　ச் + ஊ = சூ
   (ㅅ + 우 = 수)　　(ㅅ + 우- = 수-)

4. ச் + எ = செ　　ச் + ஏ = சே
   (ㅅ + 에 = 세)　　(ㅅ + 애- = 새-)

5. ச் + ஐ = சை
   (ㅅ + 아이 = 사이)

6. ச் + ஒ = சொ　　ச் + ஓ = சோ
   (ㅅ + 오 = 소)　　(ㅅ + 오- = 소-)

7. ச் + ஔ = சௌ
   (ㅅ + 오우 = 소우-)

4. 타밀어의 네 번째 자음인 'ஞ்(ㄴ)'와 타밀어 모음과의 결합에 대해서 배워보자.

모음 + 자음	அ 아	ஆ 아-	இ 이	ஈ 이-	உ 우	ஊ 우-	எ 에	ஏ 애-	ஐ 아이	ஒ 오	ஓ 오-	ஔ 오우-
ஞ் ㄴ	ஞ 나	ஞா 나-	ஞி 니	ஞீ 니-	ஞு 누	ஞூ 누-	ஞெ 네	ஞே 내-	ஞை 나이	ஞொ 노	ஞோ 노-	ஞௌ 노우-

<주의해야 할 '우(우-)'모음과의 결합 형태>

받침으로 쓰이는 'ㄴ(ஞ்)'이 단모음 '우(உ)'와 결합하면 자음 위의 온점이 없어지고 단모음 '우'발음을 획득하면서 '누(ஞு)'의 형태가 되는 경우다.

'ㄴ(ஞ்)' + '우(உ)' = '누(ஞு)'

받침으로 쓰이는 'ㄴ(ஞ்)'이 장모음 '우-(ஊ)'와 결합하면 자음 위의 온점이 없어지고 장모음 '우-'발음을 획득하면서 '누-(ஞூ)'의 형태가 되는 경우다.

'ㄴ(ஞ்)' + '우-(ஊ)' = '누-(ஞூ)'

1. ஞ் + அ = ஞ (ㄴ + 아 = 나) ஞ் + ஆ = ஞா (ㄴ + 아- = 나-)

2. ஞ் + இ = ஞி (ㄴ + 이 = 니) ஞ் + ஈ = ஞீ (ㄴ + 이- = 니-)

3. ஞ் + உ = ஞு (ㄴ + 우 = 누) ஞ் + ஊ = ஞூ (ㄴ + 우- = 누-)

4. ஞ் + எ = ஞெ (ㄴ + 에 = 네) ஞ் + ஏ = ஞே (ㄴ + 애- = 내-)

5. ஞ் + ஐ = ஞை (ㄴ + 아이 = 나이)

6. ஞ் + ஒ = ஞொ (ㄴ + 오 = 노) ஞ் + ஓ = ஞோ (ㄴ + 오- = 노-)

7. ஞ் + ஔ = ஞௌ (ㄴ + 오우 = 노우-)

5. 타밀어의 다섯 번째 자음인 'ட்(ㅌ)' 와 타밀어 모음과의 결합에 대해서 배워보자.

모음 + 자음	அ 아	ஆ 아-	இ 이	ஈ 이-	உ 우	ஊ 우-	எ 에	ஏ 애-	ஐ 아이	ஒ 오	ஓ 오-	ஔ 오우-
ட் ㅌ	ட 타	டா 타-	டி 티	டீ 티-	டு 투	டூ 투-	டெ 테	டே 태-	டை 타이	டொ 토	டோ 토-	டௌ 토우-

<주의해야 할 '우(우-)'모음과의 결합 형태>

받침으로 쓰이는 'ㅌ(ட்)'이 단모음 '우(உ)'와 결합하면 자음 위의 온점이 없어지고 단모음 '우'발음을 획득하면서 '투(டு)'의 형태가 되는 경우다.

'ㅌ(ட்)' + '우(உ)' = '투(டு)'

받침으로 쓰이는 'ㅌ(ட்)'이 장모음 '우-(ஊ)'와 결합하면 자음 위의 온점이 없어지고 장모음 '우-'발음을 획득하면서 '투-(டூ)'의 형태가 되는 경우다.

'ㅌ(ட்)' + '우-(ஊ)' = '투-(டூ)'

1. ட் + அ = ட ட் + ஆ = டா
   (ㅌ + 아 = 타) (ㅌ + 아- = 타-)

2. ட் + இ = டி ட் + ஈ = டீ
   (ㅌ + 이 = 티) (ㅌ + 이- = 티-)

3. ட் + உ = டு ட் + ஊ = டூ
   (ㅌ + 우 = 투) (ㅌ + 우- = 투-)

4. ட் + எ = டெ ட் + ஏ = டே
   (ㅌ + 에 = 테) (ㅌ + 애- = 태-)

5. ட் + ஐ = டை
   (ㅌ + 아이 = 타이)

6. ட் + ஒ = டொ ட் + ஓ = டோ
   (ㅌ + 오 = 토) (ㅌ + 오- = 토-)

7. ட் + ஔ = டௌ
   (ㅌ + 오우 = 토우-)

6. 타밀어의 여섯 번째 자음인 '**ண்**(ㄴ)' 와 타밀어 모음과의 결합에 대해서 배워 보자.

모음 + 자음	அ 아	ஆ 아-	இ 이	ஈ 이-	உ 우	ஊ 우-	எ 에	ஏ 애-	ஐ 아이	ஒ 오	ஓ 오-	ஔ 오우-
ண் ㄴ	ண 나	ணா 나-	ணி 니	ணீ 니-	ணு 누	ணூ 누-	ணெ 네	ணே 내-	ணை 나이	ணொ 노	ணோ 노-	ணௌ 노우-

<주의해야 할 '우(우-)'모음과의 결합 형태>

받침으로 쓰이는 'ㄴ(ண்)'이 단모음 '우(உ)'와 결합하면 자음 위의 온점이 없어지고 단모음 '우'발음을 획득하면서 '누(ணு)'의 형태가 되는 경우다.

'ㄴ(ண்)' + '우(உ)' = '누(ணு)'

받침으로 쓰이는 'ㄴ(ண்)'이 장모음 '우-(ஊ)'와 결합하면 자음 위의 온점이 없어지고 장모음 '우-'발음을 획득하면서 '누-(ணூ)'의 형태가 되는 경우다.

'ㄴ(ண்)' + '우-(ஊ)' = '누-(ணூ)'

1. ண் + அ = ண　　ண் + ஆ = ணா
   (ㄴ + 아 = 나)　　(ㄴ + 아- = 나-)
2. ண் + இ = ணி　　ண் + ஈ = ணீ
   (ㄴ + 이 = 니)　　(ㄴ + 이- = 니-)
3. ண் + உ = ணு　　ண் + ஊ = ணூ
   (ㄴ + 우 = 누)　　(ㄴ + 우- = 누-)
4. ண் + எ = ணெ　　ண் + ஏ = ணே
   (ㄴ + 에 = 네)　　(ㄴ + 애- = 내-)
5. ண் + ஐ = ணை
   (ㄴ + 아이 = 나이)
6. ண் + ஒ = ணொ　　ண் + ஓ = ணோ
   (ㄴ + 오 = 노)　　(ㄴ + 오- = 노-)
7. ண் + ஔ = ணௌ
   (ㄴ + 오우 = 노우-)

7. 타밀어의 일곱 번째 자음인 ‘த்(ㄷ)’ 와 타밀어 모음과의 결합에 대해서 배워보자.

모음 + 자음	அ 아	ஆ 아-	இ 이	ஈ 이-	உ 우	ஊ 우-	எ 에	ஏ 애-	ஐ 아이	ஒ 오	ஓ 오-	ஔ 오우-
த் ㄷ	த 다	தா 다-	தி 디	தீ 디-	து 두	தூ 두-	தெ 데	தே 대-	தை 다이	தொ 도	தோ 도-	தௌ 도우-

<주의해야 할 ‘우(우-)’모음과의 결합 형태>

받침으로 쓰이는 ‘ㄷ(த்)’이 단모음 ‘우(உ)’와 결합하면 자음 위의 온점이 없어지고 단모음 ‘우’발음을 획득하면서 ‘두(து)’의 형태가 되는 경우다.

‘ㄷ(த்)’ + ‘우(உ)’ = ‘두(து)’

받침으로 쓰이는 ‘ㄷ(த்)’이 장모음 ‘우-(ஊ)’와 결합하면 자음 위의 온점이 없어지고 장모음 ‘우-’발음을 획득하면서 ‘두-(தூ)’의 형태가 되는 경우다.

‘ㄷ(த்)’ + ‘우-(ஊ)’ = ‘두-(தூ)’

1. த் + அ = த (ㄷ + 아 = 다)　　த் + ஆ = தா (ㄷ + 아- = 다-)

2. த் + இ = தி (ㄷ + 이 = 디)　　த் + ஈ = தீ (ㄷ + 이- = 디-)

3. த் + உ = து (ㄷ + 우 = 두)　　த் + ஊ = தூ (ㄷ + 우- = 두-)

4. த் + எ = தெ (ㄷ + 에 = 데)　　த் + ஏ = தே (ㄷ + 애- = 대-)

5. த் + ஐ = தை (ㄷ + 아이 = 다이)

6. த் + ஒ = தொ (ㄷ + 오 = 도)　　த் + ஓ = தோ (ㄷ + 오- = 도-)

7. த் + ஔ = தௌ (ㄷ + 오우 = 도우-)

8. 타밀어의 여덟 번째 자음인 'ந்(ㄴ)' 와 타밀어 모음과의 결합에 대해서 배워보자.

모음 + 자음	அ 아	ஆ 아-	இ 이	ஈ 이-	உ 우	ஊ 우-	எ 에	ஏ 애-	ஐ 아이	ஒ 오	ஓ 오-	ஔ 오우-
ந் ㄴ	ந 나	நா 나-	நி 니	நீ 니-	நு 누	நூ 누-	நெ 네	நே 내-	நை 나이	நொ 노	நோ 노-	நௌ 노우-

<주의해야 할 '우(우-)'모음과의 결합 형태>

받침으로 쓰이는 'ㄴ(ந்)'이 단모음 '우(உ)'와 결합하면 자음 위의 온점이 없어지고 단모음 '우'발음을 획득하면서 '누(நு)'의 형태가 되는 경우다.

'ㄴ(ந)' + '우(உ)' = '누(நு)'

받침으로 쓰이는 'ㄴ(ந்)'이 장모음 '우-(ஊ)'와 결합하면 자음 위의 온점이 없어지고 장모음 '우-'발음을 획득하면서 '누-(நூ)'의 형태가 되는 경우다.

'ㄴ(ந்)' + '우-(ஊ)' = '누-(நூ)'

1. ந் + அ = ந (ㄴ + 아 = 나)　　ந் + ஆ = நா (ㄴ + 아- = 나-)

2. ந் + இ = நி (ㄴ + 이 = 니)　　ந் + ஈ = நீ (ㄴ + 이- = 니-)

3. ந் + உ = நு (ㄴ + 우 = 누)　　ந் + ஊ = நூ (ㄴ + 우- = 누-)

4. ந் + எ = நெ (ㄴ + 에 = 네)　　ந் + ஏ = நே (ㄴ + 애- = 내-)

5. ந் + ஐ = நை (ㄴ + 아이 = 나이)

6. ந் + ஒ = நொ (ㄴ + 오 = 노)　　ந் + ஓ = நோ (ㄴ + 오- = 노-)

7. ந் + ஔ = நௌ (ㄴ + 오우 = 노우-)

9. 타밀어의 아홉 번째 자음인 'ப்(ㅍ)' 와 타밀어 모음과의 결합에 대해서 배워보자.

모음 + 자음	அ 아	ஆ 아-	இ 이	ஈ 이-	உ 우	ஊ 우-	எ 에	ஏ 애-	ஐ 아이	ஒ 오	ஓ 오-	ஔ 오우-
ப் ㅍ	ப 파	பா 파-	பி 피	பீ 피-	பு 푸	பூ 푸-	பெ 페	பே 패-	பை 파이	பொ 포	போ 포-	பௌ 포우-

<주의해야 할 '우(우-)'모음과의 결합 형태>

받침으로 쓰이는 'ㅍ(ப்)'가 단모음 '우(உ)'와 결합하면 자음 위의 온점이 없어지고 단모음 '우'발음을 획득하면서 '푸(பு)'의 형태가 되는 경우다.

'ㅍ(ப்)' + '우(உ)' = '푸(பு)'

받침으로 쓰이는 'ㅍ(ப்)'가 장모음 '우-(ஊ)'와 결합하면 자음 위의 온점이 없어지고 장모음 '우-'발음을 획득하면서 '푸-(பூ)'의 형태가 되는 경우다.

'ㅍ(ப்)' + '우-(ஊ)' = '푸-(பூ)'

1. ப் + அ = ப (ㅍ + 아 = 파) ப் + ஆ = பா (ㅍ + 아- = 파-)
2. ப் + இ = பி (ㅍ + 이 = 피) ப் + ஈ = பீ (ㅍ + 이- = 피-)
3. ப் + உ = பு (ㅍ + 우 = 푸) ப் + ஊ = பூ (ㅍ + 우- = 푸-)
4. ப் + எ = பெ (ㅍ + 에 = 페) ப் + ஏ = பே (ㅍ + 애- = 패-)
5. ப் + ஐ = பை (ㅍ + 아이 = 파이)
6. ப் + ஒ = பொ (ㅍ + 오 = 포) ப் + ஓ = போ (ㅍ + 오- = 포-)
7. ப் + ஔ = பௌ (ㅍ + 오우 = 포우-)

10. 타밀어의 열 번째 자음인 'ம்(ㅁ)' 와 타밀어 모음과의 결합에 대해서 배워보자.

모음 + 자음	அ 아	ஆ 아-	இ 이	ஈ 이-	உ 우	ஊ 우-	எ 에	ஏ 애-	ஐ 아이	ஒ 오	ஓ 오-	ஔ 오우-
ம் ㅁ	ம 마	மா 마-	மி 미	மீ 미-	மு 무	மூ 무-	மெ 메	மே 매-	மை 마이	மொ 모	மோ 모-	மௌ 모우-

<주의해야 할 '우(우-)'모음과의 결합 형태>

받침으로 쓰이는 'ㅁ(ம்)'이 단모음 '우(உ)'와 결합하면 자음 위의 온점이 없어지고 단모음 '우'발음을 획득하면서 '무(மு)'의 형태가 되는 경우다.

'ㅁ(ம்)' + '우(உ)' = '무(மு)'

받침으로 쓰이는 'ㅁ(ம்)'이 장모음 '우-(ஊ)'와 결합하면 자음 위의 온점이 없어지고 장모음 '우-'발음을 획득하면서 '무-(மூ)'의 형태가 되는 경우다.

'ㅁ(ம்)' + '우-(ஊ)' = '무-(மூ)'

1. ம் + அ = ம (ㅁ + 아 = 마) ம் + ஆ = மா (ㅁ + 아- = 마-)
2. ம் + இ = மி (ㅁ + 이 = 미) ம் + ஈ = மீ (ㅁ + 이- = 미-)
3. ம் + உ = மு (ㅁ + 우 = 무) ம் + ஊ = மூ (ㅁ + 우- = 무-)
4. ம் + எ = மெ (ㅁ + 에 = 메) ம் + ஏ = மே (ㅁ + 애- = 매-)
5. ம் + ஐ = மை (ㅁ + 아이 = 마이)
6. ம் + ஒ = மொ (ㅁ + 오 = 모) ம் + ஓ = மோ (ㅁ + 오- = 모-)
7. ம் + ஔ = மௌ (ㅁ + 오우 = 모우-)

11. 타밀어의 열한 번째 자음인 'ய்(이)' 와 타밀어 모음과의 결합에 대해서 배워 보자.

모음 + 자음	அ 아	ஆ 아-	இ 이	ஈ 이-	உ 우	ஊ 우-	எ 에	ஏ 애-	ஐ 아이	ஒ 오	ஓ 오-	ஔ 오우-
ய் 이	ய 야	யா 야-	யி 이	யீ 이-	யு 유	யூ 유-	யெ 예	யே 얘-	யை 아이	யொ 요	யோ 요-	யௌ 요우-

<주의해야 할 '우(우-)'모음과의 결합 형태>

받침으로 쓰이는 '이(ய்)'가 단모음 '우(உ)'와 결합하면 자음 위의 온점이 없어지고 단모음 '우'발음을 획득하면서 '유(யு)'의 형태가 되는 경우다.

'이(ய்)' + '우(உ)' = '유(யு)'

받침으로 쓰이는 '이(ய்)'가 장모음 '우-(ஊ)'와 결합하면 자음 위의 온점이 없어지고 장모음 '우-' 발음을 획득하면서 '유-(யூ)'의 형태가 되는 경우다.

'이(ய்)' + '우-(ஊ)' = '유-(யூ)'

1. ய் + அ = ய (이 + 아 = 야) ய் + ஆ = யா (이 + 아- = 야-)
2. ய் + இ = யி (이 + 이 = 이) ய் + ஈ = யீ (이 + 이- = 이-)
3. ய் + உ = யு (이 + 우 = 유) ய் + ஊ = யூ (이 + 우- = 유-)
4. ய் + எ = யெ (이 + 에 = 예) ய் + ஏ = யே (이 + 애- = 얘-)
5. ய் + ஐ = யை (이 + 아이 = 야이)
6. ய் + ஒ = யொ (이 + 오 = 요) ய் + ஓ = யோ (이 + 오- = 요-)
7. ய் + ஔ = யௌ (이 + 오우 = 요우-)

12. 타밀어의 열두 번째 자음인 'ர்(ㄹ(r))' 와 타밀어 모음과의 결합에 대해서 배워보자.

모음 + 자음	அ	ஆ	இ	ஈ	உ	ஊ	எ	ஏ	ஐ	ஒ	ஓ	ஔ
	아	아-	이	이-	우	우-	에	애-	아이	오	오-	오우-
ர்	ர	ரா	ரி	ரீ	ரு	ரூ	ரெ	ரே	ரை	ரொ	ரோ	ரௌ
ㄹ	라	라-	리	리-	루	루-	레	래-	라이	로	로-	로우-

<주의해야 할 '우(우-)'모음과의 결합 형태>

받침으로 쓰이는 'ㄹ(ர்)'이 단모음 '우(உ)'와 결합하면 자음 위의 온점이 없어지고 단모음 '우'발음을 획득하면서 '루(ரு)'의 형태가 되는 경우다.

'ㄹ(ர்)' + '우(உ)' = '루(ரு)'

받침으로 쓰이는 'ㄴ(ர்)'이 장모음 '우-(ஊ)'와 결합하면 자음 위의 온점이 없어지고 장모음 '우-'발음을 획득하면서 '루-(ரூ)'의 형태가 되는 경우다.

'ㄹ(ர்)' + '우-(ஊ)' = '루-(ரூ)'

1. ர் + அ = ர　　　ர் + ஆ = ரா
   (ㄹ + 아 = 라)　　(ㄹ + 아- = 라-)
2. ர் + இ = ரி　　　ர் + ஈ = ரீ
   (ㄹ + 이 = 리)　　(ㄹ + 이- = 리-)
3. ர் + உ = ரு　　　ர் + ஊ = ரூ
   (ㄹ + 우 = 루)　　(ㄹ + 우- = 루-)
4. ர் + எ = ரெ　　　ர் + ஏ = ரே
   (ㄹ + 에 = 레)　　(ㄹ + 애- = 래-)
5. ர் + ஐ = ரை
   (ㄹ + 아이 = 라이)
6. ர் + ஒ = ரொ　　　ர் + ஓ = ரோ
   (ㄹ + 오 = 로)　　(ㄹ + 오- = 로-)
7. ர் + ஔ = ரௌ
   (ㄹ + 오우 = 로우-)

13. 타밀어의 열세 번째 자음인 'ல்(ㄹ(L))'와 타밀어 모음과의 결합에 대해서 배워보자.

모음 + 자음	அ 아	ஆ 아-	இ 이	ஈ 이-	உ 우	ஊ 우-	எ 에	ஏ 애-	ஐ 아이	ஒ 오	ஓ 오-	ஔ 오우-
ல் ㄹ	ல 라	லா 라-	லி 리	லீ 리-	லு 루	லூ 루-	லெ 레	லே 래-	லை 라이	லொ 로	லோ 로-	லௌ 로우-

<주의해야 할 '우(우-)'모음과의 결합 형태>

받침으로 쓰이는 'ㄹ(ல்)'이 단모음 '우(உ)'와 결합하면 자음 위의 온점이 없어지고 단모음 '우'발음을 획득하면서 '루(லு)'의 형태가 되는 경우다.

'ㄹ(ல்)' + '우(உ)' = '루(லு)'

받침으로 쓰이는 'ㄹ(ல்)'이 장모음 '우-(ஊ)'와 결합하면 자음 위의 온점이 없어지고 장모음 '우-'발음을 획득하면서 '루-(லூ)'의 형태가 되는 경우다.

'ㄹ(ல்)' + '우-(ஊ)' = '루-(லூ)'

1. ல் + அ = ல　　ல் + ஆ = லா
   (ㄹ + 아 = 라)　　(ㄹ + 아- = 라-)
2. ல் + இ = லி　　ல் + ஈ = லீ
   (ㄹ + 이 = 리)　　(ㄹ + 이- = 리-)
3. ல் + உ = லு　　ல் + ஊ = லூ
   (ㄹ + 우 = 루)　　(ㄹ + 우- = 루-)
4. ல் + எ = லெ　　ல் + ஏ = லே
   (ㄹ + 에 = 레)　　(ㄹ + 애- = 래-)
5. ல் + ஐ = லை
   (ㄹ + 아이 = 라이)
6. ல் + ஒ = லொ　　ல் + ஓ = லோ
   (ㄹ + 오 = 로)　　(ㄹ + 오- = 로-)
7. ல் + ஔ = லௌ
   (ㄹ + 오우 = 로우-)

14. 타밀어의 열네 번째 자음인 '**வ்** (ㅂ(v))'와 타밀어 모음과의 결합에 대해서 배워보자.

모음 + 자음	அ 아	ஆ 아-	இ 이	ஈ 이-	உ 우	ஊ 우-	எ 에	ஏ 애-	ஐ 아이	ஒ 오	ஓ 오-	ஔ 오우-
வ் ㅂ	வ 바	வா 바-	வி 비	வீ 비-	வு 부	வூ 부-	வெ 베	வே 배-	வை 바이	வொ 보	வோ 보-	வௌ 보우

<주의해야 할 '우(우-)'모음과의 결합 형태>

받침으로 쓰이는 'ㅂ(**வ்**)'이 단모음 '우(**உ**)'와 결합하면 자음 위의 온점이 없어지고 단모음 '부'발음을 획득하면서 '부(**வு**)'의 형태가 되는 경우다.

'ㅂ(வ்)' + '우(உ)' = '부(வு)'

받침으로 쓰이는 'ㅂ(**வ்**)'이 장모음 '우-(**ஊ**)'와 결합하면 자음 위의 온점이 없어지고 장모음 '우-'발음을 획득하면서 '부-(**வூ**)'의 형태가 되는 경우다.

'ㅂ(வ்)' + '우-(ஊ)' = '부-(வூ)'

1. வ் + அ = வ　　வ் + ஆ = வா
   (ㅂ + 아 = 바)　　(ㅂ + 아- = 바-)
2. வ் + இ = வி　　வ் + ஈ = வீ
   (ㅂ + 이 = 비)　　(ㅂ + 이- = 비-)
3. வ் + உ = வு　　வ் + ஊ = வூ
   (ㅂ + 우 = 부)　　(ㅂ + 우- = 부-)
4. வ் + எ = வெ　　வ் + ஏ = வே
   (ㅂ + 에 = 베)　　(ㅂ + 애- = 배-)
5. வ் + ஐ = வை
   (ㅂ + 아이 = 바이)
6. வ் + ஒ = வொ　　வ் + ஓ = வோ
   (ㅂ + 오 = 보)　　(ㅂ + 오- = 보-)
7. வ் + ஔ = வௌ
   (ㅂ + 오우 = 보우-)

15. 타밀어의 열다섯 번째 자음인 ‘ழ்(ㄹ(r))’ 와 타밀어 모음과의 결합에 대해서 배워보자.

모음 + 자음	அ	ஆ	இ	ஈ	உ	ஊ	எ	ஏ	ஐ	ஒ	ஓ	ஔ
	아	아-	이	이-	우	우-	에	애-	아이	오	오-	오우-
ழ்	ழ	ழா	ழி	ழீ	ழு	ழூ	ழெ	ழே	ழை	ழொ	ழோ	ழௌ
ㄹ	라	라-	리	리-	루	루-	레	래-	라이	로	로-	로우-

<주의해야 할 ‘우(우-)’모음과의 결합 형태>

받침으로 쓰이는 ‘ㄹ(ழ்)’이 단모음 ‘우(உ)’와 결합하면 자음 위의 온점이 없어지고 단모음 ‘우’ 발음을 획득하면서 ‘루(ழு)’의 형태가 되는 경우다. ‘쿠(கு)’의 형태와 다름을 알 수 있다.

‘ㄹ(ழ்)’ + ‘우(உ)’ = ‘루(ழு)’

받침으로 쓰이는 ‘ㄹ(ழ்)’이 장모음 ‘우-(ஊ)’와 결합하면 자음 위의 온점이 없어지고 장모음 ‘우-‘발음을 획득하면서 ‘루-(ழூ)’의 형태가 되는 경우다. 역시 ‘쿠-(கூ)’의 형태와 다른 것을 볼 수 있다.

‘ㄹ(ழ்)’ + ‘우-(ஊ)’ = ‘루-(ழூ)’

1. ழ் + அ = ழ (ㄹ + 아 = 라) ழ் + ஆ = ழா (ㄹ + 아- = 라-)
2. ழ் + இ = ழி (ㄹ + 이 = 리) ழ் + ஈ = ழீ (ㄹ + 이- = 리-)
3. ழ் + உ = ழு (ㄹ + 우 = 루) ழ் + ஊ = ழூ (ㄹ + 우- = 루-)
4. ழ் + எ = ழெ (ㄹ + 에 = 레) ழ் + ஏ = ழே (ㄹ + 애- = 래-)
5. ழ் + ஐ = ழை (ㄹ + 아이 = 라이)
6. ழ் + ஒ = ழொ (ㄹ + 오 = 로) ழ் + ஓ = ழோ (ㄹ + 오- = 로-)
7. ழ் + ஔ = ழௌ (ㄹ + 오우 = 로우-)

16. 타밀어의 열여섯 번째 자음인 'ள்(ㄹ(r))' 와 타밀어 모음과의 결합에 대해서 배워보자.

모음 + 자음	அ	ஆ	இ	ஈ	உ	ஊ	எ	ஏ	ஐ	ஒ	ஓ	ஔ
	아	아-	이	이-	우	우-	에	애-	아이	오	오-	오우-
ள்	ள	ளா	ளி	ளீ	ளு	ளூ	ளெ	ளே	ளை	ளொ	ளோ	ளௌ
ㄹ	라	라-	리	리-	루	루-	레	래-	라이	로	로-	로우-

<주의해야 할 '우(우-)'모음과의 결합 형태>

받침으로 쓰이는 'ㄹ(ள்)'가 단모음 '우(உ)'와 결합하면 자음 위의 온점이 없어지고 단모음 '우'발음을 획득하면서 '루(ளு)'의 형태가 되는 경우다.

'ㄹ(ள்)' + '우(உ)' = '루(ளு)'

받침으로 쓰이는 'ㄹ(ள்)'가 장모음 '우-(ஊ)'와 결합하면 자음 위의 온점이 없어지고 장모음 '우-'발음을 획득하면서 '루-(ளூ)'의 형태가 되는 경우다.

'ㄹ(ள்)' + '우-(ஊ)' = '루-(ளூ)'

1. ள் + அ = ள (ㄹ + 아 = 라) ள் + ஆ = ளா (ㄹ + 아- = 라-)
2. ள் + இ = ளி (ㄹ + 이 = 리) ள் + ஈ = ளீ (ㄹ + 이- = 리-)
3. ள் + உ = ளு (ㄹ + 우 = 루) ள் + ஊ = ளூ (ㄹ + 우- = 루-)
4. ள் + எ = ளெ (ㄹ + 에 = 레) ள் + ஏ = ளே (ㄹ + 애- = 래-)
5. ள் + ஐ = ளை (ㄹ + 아이 = 라이)
6. ள் + ஒ = ளொ (ㄹ + 오 = 로) ள் + ஓ = ளோ (ㄹ + 오- = 로-)
7. ள் + ஔ = ளௌ (ㄹ + 오우 = 로우-)

17. 타밀어의 열일곱 번째 자음인 'ற்(ㄹ(r))' 와 타밀어 모음과의 결합에 대해서 배워보자.

모음 + 자음	அ 아	ஆ 아-	இ 이	ஈ 이-	உ 우	ஊ 우-	எ 에	ஏ 애-	ஐ 아이	ஒ 오	ஓ 오-	ஔ 오우-
ற் ㄹ	ற 라	றா 라-	றி 리	றீ 리-	று 루	றூ 루-	றெ 레	றே 래-	றை 라이	றொ 로	றோ 로-	றௌ 로우-

<주의해야 할 '우(우-)'모음과의 결합 형태>

받침으로 쓰이는 'ㄹ(ற்)'이 단모음 '우(உ)'와 결합하면 자음 위의 온점이 없어지고 단모음 '우'발음을 획득하면서 '루(று)'의 형태가 되는 경우다.

'ㄹ(ற்)' + '우(உ)' = '루(று)'

받침으로 쓰이는 'ㄹ(ற்)'이 장모음 '우-(ஊ)'와 결합하면 자음 위의 온점이 없어지고 장모음 '우-'발음을 획득하면서 '루-(றூ)'의 형태가 되는 경우다.

'ㄹ(ற்)' + '우-(ஊ)' = '루-(றூ)'

1. ற் + அ = ற (ㄹ + 아 = 라)　　ற் + ஆ = றா (ㄹ + 아- = 라-)
2. ற் + இ = றி (ㄹ + 이 = 리)　　ற் + ஈ = றீ (ㄹ + 이- = 리-)
3. ற் + உ = று (ㄹ + 우 = 루)　　ற் + ஊ = றூ (ㄹ + 우- = 루-)
4. ற் + எ = றெ (ㄹ + 에 = 레)　　ற் + ஏ = றே (ㄹ + 애- = 래-)
5. ற் + ஐ = றை (ㄹ + 아이 = 라이)
6. ற் + ஒ = றொ (ㄹ + 오 = 로)　　ற் + ஓ = றோ (ㄹ + 오- = 로-)
7. ற் + ஔ = றௌ (ㄹ + 오우 = 로우-)

18. 타밀어의 열여덟 번째 자음인 ‘ன்(ㄴ)’ 와 타밀어 모음과의 결합에 대해서 배워보자.

모음 + 자음	அ 아	ஆ 아-	இ 이	ஈ 이-	உ 우	ஊ 우-	எ 에	ஏ 애-	ஐ 아이	ஒ 오	ஓ 오-	ஔ 오우-
ன் ㄴ	ன 나	னா 나-	னி 니	னீ 니-	னு 누	னூ 누-	னெ 네	னே 내-	னை 나이	னொ 노	னோ 노-	னௌ 노우-

<주의해야 할 ‘우(우-)’모음과의 결합 형태>

받침으로 쓰이는 ‘ㄴ(ன்)’이 단모음 ‘우(உ)’와 결합하면 자음 위의 온점이 없어지고 단모음 ‘우’발음을 획득하면서 ‘누(னு)’의 형태가 되는 경우다.

‘ㄴ(ன்)’ + ‘우(உ)’ = ‘누(னு)’

받침으로 쓰이는 ‘ㄴ(ங்)’이 장모음 ‘우-(ஊ)’와 결합하면 자음 위의 온점이 없어지고 장모음 ‘우-‘발음을 획득하면서 ‘누-(னூ)’의 형태가 되는 경우다.

‘ㄴ(ன்)’ + ‘우-(ஊ)’ = ‘누-(னூ)’

1. ன் + அ = ன (ㄴ + 아 = 나)　　ன் + ஆ = னா (ㄴ + 아- = 나-)
2. ன் + இ = னி (ㄴ + 이 = 니)　　ன் + ஈ = னீ (ㄴ + 이- = 니-)
3. ன் + உ = னு (ㄴ + 우 = 누)　　ன் + ஊ = னூ (ㄴ + 우- = 누-)
4. ன் + எ = னெ (ㄴ + 에 = 네)　　ன் + ஏ = னே (ㄴ + 애- = 내-)
5. ன் + ஐ = னை (ㄴ + 아이 = 나이)
6. ன் + ஒ = னொ (ㄴ + 오 = 노)　　ன் + ஓ = னோ (ㄴ + 오- = 노-)
7. ன் + ஔ = னௌ (ㄴ + 오우 = 노우-)

4. 유의해야할 자모음

1) 타밀어 자음의 분류

타밀어의 자음은 그 세기에 있어서 강한 자음, 중간 자음, 부드러운 자음, 이렇게 3 가지로 분류된다.

(1) 강한 자음: க்(ㅋ), ச்(ㅅ), ட்(ㅌ), த்(ㄷ), ப்(ㅍ), ற்(ㄹ)

* 강한 자음을 'வல் மெய் எழுத்து(/발 메이 에룯투/)'라고 한다.

(2) 중간 자음: ய்(이), ர்(ㄹ), ல்(ㄹ), வ்(ㅂ/ㅇ), ழ்(ㄹ), ள்(ㄹ)

* 중간 자음을 இடை மெய் எழுத்து(/이다이 메이 에룯투/)'라고 한다.

(3) 약한 자음: ங்(ㄴ/잉), ஞ்(ㄴ), ண்(ㄴ), ந்(ㄴ), ம்(ㅁ), ன்(ㄴ)

* 약한 자음을 'மெல் மெய் எழுத்து(/멜 메이 에룯투/)'라고 한다.

2) 주의해야 할 자음의 발음들

(1) க்(ㄱ/ㅋ), த்(ㄷ/ㅌ), ப்(ㅂ/ㅍ)의 발음

이 세 자음은 다음 3 가지 경우에 강하게(ㅋ, ㅌ, ㅍ) 발음된다.

① 낱말의 맨 처음(초성)에 쓰일 때.

② 받침으로 쓰일 때.

③ 2개로 중복되어 쓰일 때.

예)

கண்(/칸/) 눈 பக்கம்(/팍캄/) 페이지 பந்து(/판두/) 공

கப்பல்(/캅팔/) 배 புத்தகம்(/풑타감/) 책 சத்தம்(/삳탐/) 소리

மகன்(/마간/) 아들 மதம்(/마담/) 종교

* 이 외에는 க், த், ப் 가 약하게 (ㄱ, ㄷ, ㅂ)로 발음된다.

(2) ச்의 발음

이 자음은 보통 'ㅅ' 발음이 난다. 그런데 'ㅊ' 발음이 날 때가 있고, 'ㅈ' 발음이 날 때가 있다.

அச்சம்(/앛참/) 공포 – 이렇게 2중으로 쓰였을 때는 'ㅊ' 발음이 난다.
ஆட்சி(/알-치/) 집행 – 이렇게 ட் 다음에 쓰이면 'ㅊ' 발음이 난다.
முயற்சி(/무얄치/) 노력 – 이렇게 ற் 다음에 쓰이면 'ㅊ' 발음이 난다.
இஞ்சி(/인지/) 생강 – 이렇게 ஞ் 다음에 쓰이면 'ㅈ' 발음이 난다.

(3) 3 가지의 'ㄹ(r)' 발음들

타밀어에는 영어에서 ㄹ(r) 발음이 나는 자음이 3개 있다. ர், ற், ழ்이 그것들이다. 이 3개는 순서대로 발음세기가 강해진다. 그래서 알기 쉽게 ர்(ㄹ), ற்(ㄹㄹ), ழ்(ㄹㄹㄹ), 이렇게 ㄹ(r)의 수로 표기해 볼 수 있다. ㄹ의 개수가 많아지면 많아질수록 강하게 발음하면 된다.

예)

மரம்(/마람/) 나무 மறம்(/마람/) 폭력 பழம்(/파람/) 과일

(4) 2 가지의 'ㄹ(L)' 발음들

타밀어에는 영어의 L에 해당하는 자음이 2개 있다. ல், ள்이 그것들이다. ல்는 약하게 발음하고, ள்는 조금 세게 발음한다.

예)

கல்(/칼/) 돌 பிள்ளை(/필나이/) 어린이

(5) 3 가지의 'ㄴ'발음들

타밀어에는 3 가지의 'ㄴ'발음이 있다. ந், ன், ண் 이 그것들이다. 눈치 챘겠지만 이것들 역시 순서대로 발음이 강해진다. ந்는 부드럽게, ன்는 중간 세기로, ண்는 강하게 'ㄴ' 발음을 내면 된다.

예)

அந்த(/안다/) 저것 ஏன்(/앤-) 왜 ஏணி(/애-니/) 사다리

* ங் 은 'ㄴ' 발음이 날 때도 있지만, '잉/응(ng)'으로 날 때가 많다.

예)

சிங்கம்(/싱감/) 사자 குரங்கு(/쿠랑구/) 원숭이

3) 모음의 변형

타밀어의 모음은 자음과 결합하면서 다른 형태로 변한다. 오로지 단모음 அ(/아/)만 다른 형태가 없고 나머지는 모두 다른 형태로 가지고 있다.

(1) ஆ(/아-/) → ா

(2) இ(/이/) → ி

(3) ஈ(/이-/) → ீ

(4) உ(/우/) → ு

(5) ஊ(/우-/) → ◌ூ

(6) எ(/에/) → ெ◌

(7) ஏ(/애-/) → ே◌

(8) ஐ(/아이/) → ை◌

(9) ஒ(/오/) → ெ◌ா

(10) ஓ(/오-/) → ே◌ா

(11) ஔ(/아우/오우/) → ெ◌ள

* 자음 발음법

க் : 2 가지 방법이 있다. '읶크'와 '크', 가 그것이다. 다른 자음도 같은 원리로 발음하면 됩니다. 예를 들어, 2번째 자음, ங் 이것은 '인느', '느'라고 발음하면 된다.

4) 자모음 결합표

	அ/아/	ஆ/아-/	இ/이/	ஈ/이-/	உ/우/	ஊ/우-/
க் ㅋ	க 카	கா 카-	கி 키	கீ 키-	கு 쿠	கூ 쿠-
ங் ㄴ/잉	ங 나	ஙா 나-	ஙி 니	ஙீ 니-	ஙு 누	ஙூ 누-
ச் ㅅ	ச 사	சா 사-	சி 시	சீ 시-	சு 수	சூ 수-
ஞ் ㄴ	ஞ 나	ஞா 나-	ஞி 니	ஞீ 니-	ஞு 누	ஞூ 누-
ட் ㅌ	ட 타	டா 타-	டி 티	டீ 티-	டு 투	டூ 투-
ண் ㄴ	ண 나	ணா 나-	ணி 니	ணீ 니-	ணு 누	ணூ 누-
த் ㄷ	த 다	தா 다-	தி 디	தீ 디-	து 두	தூ 두-
ந் ㄴ	ந 나	நா 나-	நி 니	நீ 니-	நு 누	நூ 누-
ப் ㅍ	ப 파	பா 파-	பி 피	பீ 피-	பு 푸	பூ 푸-
ம் ㅁ	ம 마	மா 마-	மி 미	மீ 미-	மு 무	மூ 무-
ய் 이	ய 야	யா 야-	யி 이	யீ 이-	யு 유	யூ 유-
ர் ㄹ	ர 라	ரா 라-	ரி 리	ரீ 리-	ரு 루	ரூ 루-
ல் ㄹ	ல 라	லா 라-	லி 리	லீ 리-	லு 루	லூ 루-
வ் ㅂ	வ 바	வா 바-	வி 비	வீ 비-	வு 부	வூ 부-
ள் ㄹ	ள 라	ளா 라-	ளி 리	ளீ 리-	ளு 루	ளூ 루-
ற் ㄹ	ற 라	றா 라-	றி 리	றீ 리-	று 루	றூ 루-
ன் ㄴ	ன 나	னா 나-	னி 니	னீ 니-	னு 누	னூ 누-

	எ/에/	ஏ/애-/	ஐ/아이/	ஒ/오/	ஓ/오-/	ஔ/아우/
க் ㅋ	கெ 케	கே 캐-	கை 카이	கொ 코	கோ 코-	கௌ 카우/코우
ங் ㄴ/잉	ஙெ 네	ஙே 내-	ஙை 나이	ஙொ 노	ஙோ 노-	ஙௌ 나우/노우
ச் ㅅ	செ 세	சே 새-	சை 사이	சொ 소	சோ 소-	சௌ 사우/소우
ஞ் ㄴ	ஞெ 네	ஞே 내-	ஞை 나이	ஞொ 노	ஞோ 노-	ஞௌ 나우/노우
ட் ㅌ	டெ 테	டே 태-	டை 타이	டொ 토	டோ 토-	டௌ 타우/토우
ண் ㄴ	ணெ 네	ணே 내-	ணை 나이	ணொ 노	ணோ 노-	ணௌ 나우/노우
த் ㄷ	தெ 데	தே 대-	தை 다이	தொ 도	தோ 도-	தௌ 다우/도우
ந் ㄴ	நெ 네	நே 내-	நை 나이	நொ 노	நோ 노-	நௌ 나우/노우
ப் ㅍ	பெ 페	பே 패-	பை 파이	பொ 포	போ 포-	பௌ 파우/포우
ம் ㅁ	மெ 메	மே 매-	மை 마이	மொ 모	மோ 모-	மௌ 마우/모우
ய் 이	யெ 예	யே 얘-	யை 야이	யொ 요	யோ 요-	யௌ 야우/요우
ர் ㄹ	ரெ 레	ரே 래-	ரை 라이	ரொ 로	ரோ 로-	ரௌ 라우/로우
ல் ㅂ	லெ 레	லே 래-	லை 라이	லொ 로	லோ 로-	லௌ 라우/로우
வ் ㅂ	வெ 베	வே 배-	வை 바이	வொ 보	வோ 보-	வௌ 바우/보우
ழ் ㄹ	ழெ 레	ழே 래-	ழை 라이	ழொ 로	ழோ 로-	ழௌ 라우/로우
ள் ㄹ	ளெ 레	ளே 래-	ளை 라이	ளொ 로	ளோ 로-	ளௌ 라우/로우
ற் ㄹ	றெ 레	றே 래-	றை 라이	றொ 로	றோ 로-	றௌ 라우/로우
ன் ㄴ	னெ 네	னே 내-	னை 나이	னொ 노	னோ 노-	னௌ 나우/노우

제2부

문 법

தமிழ் அறிமுகம்

1. 명사

1) 명사의 성

문법핵심

남성명사: -- + 남성명사어미 ன்(/ㄴ/)
여성명사: -- + 여성명사어미 ள்(/ㄹ/)
중성명사: -- + 중성명사어미 து(/두/)

어휘공부

மகன்(/마간/) 아들	மகள்(/마갈/) 딸	மற்றது(/마트라두/) 그것
தந்தை(/단다이/) 아버지	தாய்(/다-이/) 어머니	மரம்(/마람/) 나무
மாமன்(/마-만/) 삼촌	அவள்(/아발/) 그녀	கடை(/카다이/) 가게

예문

இவன் அவளுடைய மகன்.
이 남자는 그녀의 아들이다.

அவள் அவனுடைய மகள்.
저 여자는 그의 딸이다.

இது மற்றது.
이것이 그것이다.

설명

타밀어의 명사는 남성명사, 여성명사, 중성명사, 이렇게 3가지로 나뉜다. 남성명사는 어미가 'ன்(/ㄴ/)'로 끝나고 여성명사는 'ள்(/ㄹ/)'로 끝나며 중성명사(주로 사물)는 'து(/두/)'로 끝난다. 예를 들어보자.

남성 - மகன்(/마간/) 아들
여성 - மகள்(/마갈/) 딸
중성 - மற்றது(/마트라두/) 그것
* ற்ற – 이럴 땐 /ㄹㄹ/이 아니라 /ㅌㄹ/로 발음된다.

물론 모든 명사가 위와 같이 성에 따라 같은 어미로 끝나지는 않는다. 그럴 때는 명사의 의미에 따라서 성을 나누면 된다. 예를 들어보자.

남성 - தந்தை(/단다이/) 아버지
여성 - தாய்(/다-이/) 어머니
중성 - மரம்(/마람/) 나무

명사의 성을 나누는 이유는 문장에서 주어로 쓰인 명사의 성에 따라서 그에 상응하는 서술어의 어미가 결정되기 때문이다. 이 사항은 뒤에 동사 부분에서 자세히 다루겠다.

연습문제 1

아래 명사의 성을 맞춰보십시오.

① மாமன்(/마-만/) 삼촌:
② அவள்(/아발/) 그녀는:
③ கடை(/카다이/) 가게:

2) 명사의 복수형 만들기

문법핵심

명사의 복수형: 명사 + **கள்**(/칼/갈/)

어휘공부

பாம்பு(/팜-부/) 뱀
பூ(/푸-/) 꽃
பாம்புகள்(/팜-부갈/) 뱀들
மரங்கள்(/마란갈/) 나무들
பூக்கள்(/푹-칼/) 꽃들
சூரியன்(/수-리얀/) 해
பசு(/파수/) 소
நிலா(/니라-/) 달
பசுக்கள்(/파숙칼/) 소들
மகள்கள்(/마갈갈/) 아들들 또는 딸들
நிலாக்கள்(/니락-칼/) 달들

예문

பாம்பு(/팜-부/) 뱀 +(கள்/갈/) 들 = பாம்புகள்(/팜-부갈/) 뱀들.
பசு(/파수/) 소 +(கள்/갈/) 들 = பசுக்கள்(/파숙칼/) 소들.
மரம்(/마람/) 나무 +(கள்/갈/) 들 = மரங்கள்(/마란갈/) 나무들.

설명

타밀어에서 명사의 복수형을 만드는 방법은 간단하다. 단수명사(주격)에 '**கள்**(/갈/칼/)'을 붙여주면 된다. 예를 들어보자.

பாம்பு(/팜-부/) 뱀 + (கள்/갈/) 들 = 뱀들(பாம்புகள்/팜-부갈/)

பசு(/파수/) 소 + (கள்/갈/) 들 = 소들(பசுக்கள்/파숙칼/)

*க் 조음상 추가

*க்க – 'ㅋ카'로 발음된다.

மரம்(/마람/) 나무 + கள்(/갈/) 들 = மரங்கள்(/마란갈/) 나무들

* 자음 'ㅁ(ம்)'과 자음'ㅋ(க்)'이 만나면 자음 'ㅁ(ம்)'이 'ㄴ(ங்)'으로 음운이 변한다.
* 예외) 명사 어미가 'ஆ(/아-/)', 'ஈ(/이-/)', 'ஊ(/우-/), 'ஏ)/애-/)', 'ஓ(/오-/)'로 끝나면 'க்கள்(/ㅋ칼/)' 을 붙여준다. 예를 들어보자.

பூ(/푸-)는 ப(/파/)와 장모음 ஊ(/우-/)가 만나서 이루어진 글자다. 따라서 꽃의 복수형은 பூக்கள்(/풐-칼/)이 된다.

பூ + க்கள் = பூக்கள்
꽃 + 들 = 꽃들

'நிலா(/니라-/)'는 장모음 ஆ ா=(/아-)로 끝났다. 따라서 달의 복수형은 நிலாக்கள்(/니랔-칼/)이 된다.

நிலா + க்கள் = நிலாக்கள்
달 + 들 = 달들

연습문제 2

아래 주어진 낱말을 복수형으로 만들어 보세요.

① தேவன்(/대-반/) 신:
② ஆசிரியர்(/아-시리얄/) 선생님:
③ மாணவன்(/마-나반/) 학생:
④ பை(/파이/) 가방:
⑤ கை(/카이/) 손:
⑥நாள்(/날-/) 날:
⑦ வீடு(/비-두/) 집:
⑧ பூ(/푸-/) 꽃:

3) 명사의 격

(1) 명사 1격(주격)

문법핵심

명사 1격(주격) = 명사 + 조사 없음

어휘공부

வர்த்தகன்(/밝타간/) 상인

கதவை(/카다바이/) 문을

திற(/티라/) 열다

예문

வர்த்தகன் கதவை திறக்கிறான்.

상인이 문을 연다.

예문

타밀어에는 주격조사가 따로 없다. 따라서 평서문에서 문장 맨 앞에 명사가 나오면 한국어의 주격조사 '은/는/이/가' 중 하나를 붙여서 해석하면 된다. 예를 들어보자.

வர்த்தகன்	கதவை	திறக்கிறான்.
상인이	문을	연다.
주어	목적어	서술어.

위 문장에서 주어인 '**வர்த்தகன்**/밝타간/)'에는 조사가 붙어있지 않다. 나중에 자세히 설명하겠지만, 위 문장에서 목적어에는 목적격 조사가 붙어 있고, 서술어에는 시간을 나타내는 선어말어미와 인칭과 수, 그리고 성을 나타내는 어말어미가 붙어 있다.

(2) 명사 2격(직접목적격)

문법핵심

명사 2격(직접목적격) = 명사 + ஐ = ை(/아이/)
(-을/를)

어휘공부

பெட்டி(/펱티/) 황소
பார்(/팔-/) 보다
பந்தை(/판다이/) 공을
வர்த்தகனை(/밝타가나이/) 상인을
நான்(/난-/) 나는
எறி(/에리/) 던지다

예문

வர்த்தகன்	பெட்டியை	பார்க்கிறான்
상인이	황소를	본다.
주어	목적어	서술어

설명

'பெட்டியை(/펱티야이/)'는 주격인 '황소(பெட்டி/펱티/)'에 목적격 조사 '아이(ை = ஐ)'를 붙인 것이다.

பெட்டியை = பெட்டி + ஐ

연습문제 3

다음 문장에서 목적격조사에 주목하여 2격명사(목적어)를 찾아보십시오.

① நான் பந்தை எறிகிறேன் .

② அவன் ஆற்றை பார்க்கிறான் .

(3) 명사 3격(도구격)

문법핵심

명사 3격(도구격): 명사 + ஆல்(/알-/), ஓடு(/오-두/), உடன்(/우단/)
(-에 의해서, -을 가지고, -와 함께)

어휘공부

கண்(/칸/) 눈
வா(/와-/) 오다
அவள்(/아발/) 그녀는
வீட்டால்(/빝-탈-/) 집을 가지고
பார்(/팔-/) 보다
நான்(/난-/) 나는
அவன்(/아반/) 그는

예문

அவன் கண்ணால் பார்க்கிறான்.
그는 눈으로(눈을 가지고) 본다.

அவள் அவனுடன் வருகிறாள்.
그녀는 그와 함께 온다.

நான் அவளோடு வருகிறேன்.
나는 그녀와 온다.

설명

கண்(/칸/)은 '눈'이란 명사다. 여기에 도구격조사 'ஆல்(/알-/)'이 붙어서 கண்ணால்(/칸날-/)이 되었다. 그래서 '눈을 통해서', '눈으로' 란 뜻이 된다.

கண் + ஆல் = கண்ணால்

* ண் 추가(타밀어에서는 낱말의 받침으로 쓰인 자음이 자주 중복된다).

*ண் + ஆ = ணா

அவனுடன்(/아바누단/)을 분석해 보자. '아바누단'은 '그는' 이라는 3인칭 단수 대명사, அவன்(/아반/)과 도구격조사 உடன்(/우단/)이 합쳐져서 만들어진 것이다.

அவன் + உடன் = அவனுடன்

* ன் + உ = னு

* 단모음 உ(/우/)는 자음과 결합하면서 그 형태가 조금 달라진다. 잘 익혀두어야 한다.

அவளோடு(/아바로-두/)를 분석해보자.

அவள் + ஓடு = அவளோடு
*ள் + ஓ(=ோ) = ளோ
(ㄹ + 오- = 로-)

연습문제 4

아래의 문장에서 도구격명사를 찾아본 다음 문장을 해석해 보십시오.

① அவன் வர்த்தகனோடு வருகிறான் .

② அவள் வர்த்தகனை பார்க்கிறாள் .

(4) 명사 4격(간접목적격)

문법핵심

4격 명사: 명사 + க்கு(/ㅋ쿠/), ஆக(/아-카/)
-에게, -을 위해서

어휘공부

மீனாக(/미-나-카/) 물고기에게
கொடு(/코두/) 주다
நீரை(/니-라이/) 물을
உணவை(/우나바이/) 먹이를
அவனுக்கு(/아바눅쿠/) 그에게
அவள்(/아발/) 그녀는

வர்த்தகனுக்கு(/밭타가눅쿠/) 상인에게
தொட்டாள்(/돋탈-/) (그녀가) 만졌다
வர்த்தகனுக்காக(/밭타가눅카-카/) 상인을 위해서
பூவை(/푸-바이/) 꽃을
அவன்(/아반/) 그는
தொட்டான்(/돋탄-/) (그가) 만졌다.

예문

மீனாக உணவை கொடு.
물고기에게 먹이를 주어라.

அவனுக்கு நீரை கொடு.
그에게 물을 주어라.

설명

மீனாக(/미-나-카/)는 **மீன்**(/민-/)과 간접목적격 조사 **ஆக**(/아-카/)를 붙여서 만들어진 것이다.

மீன் + ஆக = மீனாக
물고기 + 에게(위해서) = 물고기에게(물고기를 위해서)
*ன் + ஆ = னா
(ㄴ + 아- = 나-)

உணவை(/우나바이/)는 **உணவு**(/우나부/)에 목적격 조사 **ஐ**(/아이/)를 붙여서 만들어진 것이다. **உணவு + ஐ(=ை(= உணவை**
அவனுக்கு(/아바눅쿠/)는 **அவன்**(/아반/)에 간접목적격 조사 **க்கு**(/ㅋ쿠/)를 붙여서 만든 것이다.

அவன் + க்கு = அவனுக்கு
그 + 에게 = 그에게

* '우(உ)'가 조음상 추가.
*ன் + உ = னு
(ㄴ+ 우 = 누)

연습문제 5

아래의 문장에서 4격(간접목적격) 명사를 찾고 해석해 보십시오.

① அவள் வர்த்தகனுக்கு பூவை கொடுத்தாள்.

② அவன் வர்த்தகனாக நீரை கொடுத்தான்.

(5) 명사 5격(탈격)

문법핵심

명사 5격: 명사 + இன்(/인/), இல்(/일/), இருந்து(/이룬두/)
-로부터, -에게서

어휘공부

கொரியின்(/코리인/) = கொரியில்(/코리일)
= கொரியிலருந்து(/코리이리룬두/) 한국으로부터
மேற்கு(/맬-쿠/) 서쪽
இந்தியா(/인디야-/) 인도
சீனா(/치-나-/) 중국

예문

அவன கொரியின் வந்தான்.
그는 한국에서 왔다.
அவர் கொரியிலிருந்து வந்தார்.
그분은 한국으로부터 오셨다.

설명

கொரியின்(/코리인/)은 கொரய(/코리아/)라는 명사에 5격(탈격)조사 இன்(/인/)을 붙여서 만든 글자다.

கொரியன் = கொரியா + இன்
* 인(யன்) = 이(ய) + 인(இன்)
* 이(யி) = 아(ய்) + 이(இ(ி=))

கொரியில்(/코리일/)은 கொரிய(/코리아/)라는 명사에 5격(탈격)조사 இல்:ில்=(/일/)을 붙여서 만든 글자다.

கொரியின் = கொரியா + இன்
*인(யின்) = 이(ய்) + 인(இன்)
*이(யி) = 이(ய்) + 이(இ(=ி))

கொரியில்(/코리일/)은 கொரிய(/코리아/)라는 명사에 5격(탈격)조사 இல்=ில்(/일/)을 붙여서 만든 글자고, கொரியிருந்து(/코리이룬두/)는 கொரிய(/코리아/)라는 명사에 5격(탈격)조사 இருந்து(/이룬두/)를 붙여서 만든 글자다. 세 단어 모두 '한국에서' 또는 '한국으로부터'로 뜻이 같다. கொரியிலிருந்து(/코리이리룬두/)는 명사와 조사가 결합하면서 조음상 'லி(/리/)'가 추가되었다.

연습문제 6

다음 문장에서 5격명사를 찾고, 해석해 보십시오.

① கொரியின் வடக்கே சீனா உள்ளது .

②கொரியிவருந்து மேற்கே இந்தியா உள்ளது .

(6) 명사 6격(소유격)

문법핵심

명사 6격(소유격): 명사 + அது(/아두/), உடைய(/우다이야/)
-의

어휘공부

வீட்டுடைய(/빌-투다이야/) 집의
வண்டி(/반디/) 차
நமது(/나마두/) 우리의
வர்த்தகனுடைய(/밭타카루다이야/) 상인의

예문

அது என் வீட்டுடைய கதபு.
그것은 내 집의 문이다.
இது நமது வண்டி.
이것은 우리의 차다.

설명

வீட்டுடைய(/빌-투타이야/)는 வீடு(/비-두/(라는 명사에 உடைய(/우다이야/)라는 6격(소유격) 조사를 붙여서 만든 것이다.

வீடு + உடைய = வீட்டுடைய

*ㅌ(ட்)이 하나 더 추가되어 있다.

참고로 டு(/두/투/)는 ட்(/ㅌ/)에 단모음 உ(/우/)가 결합한 글자다. 이 டு(/두/)와 단모음 அ(/아/)가 결합할 때, 앞의 단모음 உ(/우/)가 탈락한 후에, 단모음 அ(/아/)와 결합하여 ட(/타/)가 된다. நமது(/나마두/)는 명사 நாம்(/남-/(에 6격(소유격) 조사 அது(/아두/)를 붙여서 만든 6격(소유격) 명사다.

நாம் + அது = நமது

*ஆ◌ா=))가 탈락해서 '나-(நா)'가 '나(ந)'로 변형되었다.

연습문제 7

다음 문장에서 6격(소유격)명사를 찾은 후에, 문장을 해석해 보세요.

① இந்த வண்டி வர்த்தகனுடையது.

② அந்த வீடு உங்களுடையது.

(7) 명사 7격(처소격)

문법핵심

7격(처소격) 명사: 명사 + இடம்(/이담/) இல்(/일/)
-에, -곳에

어휘공부

பள்ளி(/팔리/) 학교　　பை(/파이/) 가방
இரு(/이루/) 있다/이다

예문

பள்ளியில் வண்டி இருக்கிறது.
학교에 차가 있다.

பையில் புத்தகம் இருக்கிறது.
가방 안에 책이 있다.

설명

'பள்ளியில்(/팔리일/)'은 'பள்ளி(/팔리/)'라는 명사에 7격(처소격)조사 'இல்(/일/)'을 붙여서 된 낱말이다.
'பையில்(/파이일/)'은 '가방'을 뜻하는 'பை(/파이)'라는 명사에 7격조사 'இல்(/일/)'을 붙여서 만든 것이다.

연습문제 8

다음 명사를 7격(처소격)명사로 만들어 보십시오.

① மகன் →(   )

② தாய் →(   )

③ தலை →(   )

(8) 명사 8격(호격)

문법핵심

명사 8격(호격): 명사 + ஆ(/아-/), ஏ(/애-/)
-아? -야! 이봐(요)!

어휘공부

ஆடு(/아-두/) 염소
சிங்கம்(/싱감/) 사자
நகம்(/나감/) 손톱
அப்பா(/앞파-/) 아빠
மரம்(/마람/) 나무

예문

ஆட்டே(/앝-태-/)!
염소여!
சிங்கமா(/싱가마-/)
사자야!

설명

ஆட்டே(/알-태-/)는 ஆடு(/아-두/)에 모음 ஏ(/애-/)를 결합시킨 것이다. 조음상 ட்(/ㅌ/)가 추가되었다.
சிங்கமா(/싱가마-/)는 சிங்கம்(/싱감/)에 모음 ஆ(/아-/)를 결합시킨 것이다.

연습문제 9

다음 낱말을 8격 명사로 고쳐 보십시오.

① வர்த்தகன்

② மரம்

③ நகம்

4) 파생명사

(1) 형용사에서 파생한 명사

문법핵심

형용사의 어간 + **மை**(/마이/) → 추상명사

어휘공부

நல்ல(/날라/) 좋은
நன்மை(/난마이/) 선함
தீய(/디-야/) 나쁜
தீமை(/디-마이/) 악함

예문

அவனுக்கு	நன்மை	இருக்கிறது.
그에겐	선함이	있다.

설명

우리말에서 형용사 '좋다', '좋은'에서 어간이 '좋'인 것과 같이 타밀어 형용사 **நல்ல**(/날라/)에서 어간은 '**நல்**(/날/)'이다. 따라서 이 형용사 어간 '**நல்**(/날/)'에 명사형 어미 '**மை**(/마이/)'가 붙어서 '**நன்மை**(/난마이/) 선함/상/이익'이 된다.

நன்மை = நல் + மை

* ல்(/ㄹ/)와 ம்(/ㅁ/)가 만나면, ன்(/ㄴ/)와 ம்(/ㅁ/)로 바뀐다.

← '날마이'가 아니고 '난마이'가 된 이유.

연습문제 10

다음 문장에서 밑줄 친 형용사를 명사형으로 바꿔보십시오.

① பாம்புக்கு தீயது இருக்கிறது.(* தீயது의 어간은 தீ임.)

(2) 동사파생명사

문법핵심

동사원형 + கை/க்கை(/카이/ㅋ카이/)

+ அல்(/알/)தல் ,(/달/)கல் ,(/칼/)

(ㅁ, 음, 기)

어휘공부

உண்(/운/) 먹다

நட(/나다/) 걷다

எளிது(/에리두/) 쉽다

நன்மை(/난마이/) 건강을

உண்ணல்(/운날/) 먹기

நடத்தல்(/나닫탈/) 걷기

உணவை(/우나바이/) 밥을

예문

உணவை 　 உண்ணல் 　 எளிது.
밥을 　 먹기는 　 쉽다.

설명

'**உண்ணல்**(/운날/)'은 동사 '**உண்**(/운/)'에 명사형 어미 '**அல்**(/알/)'을 붙여서 만든 낱말이다.

> **உண்ணல்** = **உண்** + **அல்**
> 　* **ண்**이 중복, **ண்** + **அல்** = **ணல்**.

연습문제 11

다음 문장에서 파생명사를 찾고, 해석해 보십시오.

① ஒழுக்கமாய் நடத்தல் நன்மை கொடுக்கிறது.

2. 대명사

1) 인칭대명사

(1) 주격(단수)

문법핵심

단수	주격	뜻
1인칭	நான்(/난-/)	나
2인칭	நீ(/니-/)	너
3인칭(남성)	அவன்(/아반/)	그 남자
3인칭(여성)	அவள்(/아발/)	그 여자
3인칭(존칭)	அவர்(/아발/)	그분
3인칭(중성)	அது(/아두/)	그것 또는 이것

어휘공부

அவன்(/아반/) 그남
மனிதன்(/마니단/) 남자(사내),
அவர்(/아발/) 그분
ஆசிரியர்(/아-시리얄) 선생님

இருக்கிறார்(/이룩키랄-/) 이십니다
மாணவன்(/마-나반/) 학생
மருத்துவர்(/마룯투발/) 학생
நான்(/난-/) 나는
நீ(/니-/) 너는

예문

அவன் மனிதன்.
그는 남자다.

அவர் ஆசிரியராக இருக்கிறார்.
그분은 선생님 이십니다.

설명

타밀어에는 주격조사가 따로 없다. 따라서 주격인칭대명사가 나오면, 그 인칭대명사에 '은/는/이/가'중 하나를 맥락에 맞게 붙여서 해석하면 된다. 예를 들면,

அவன் மனிதன்.
(아반 마니단).
(그는 남자다).

'**அவன்**(/아반/)'은 '그'라는 3인칭 단수 인칭대명사다. '**மனிதன்**(/마니단/)'은 '(한) 남자'라는 뜻이다. 대체로 '**ன்**(/ㄴ/)'는 남성을 나타내는 명사형 어미이다. 타밀어에서는 대명사도 자주 생략되지만, '이다/있다'동사도 자주 생략된다. 원래는 '(**அவன் மனிதனாய் இருக்கிறான்**/아반 마니다나이 이룩키란-/ 그는 남자 이다)'이 되어야 하는데, '**இருக்கிறான்** (/이룩키란-/ 이다)'이 생략된 것이다.
'**அவர்**(/아발/ 그분 또는 당신)'은 3인칭 단수 인칭대명사인 '**அவன்**(/아반/ 그남자)'과 '**அவள்**(/아발/ 그여자)' 에 대한 존칭형이다. 우리말에서 어떤 한 사람을 높여서 '그분'이라고 부르는 것과 마찬가지이다.

연습문제 12

다음 문장에서 인칭대명사(주격)를 찾아보세요.

①நான் மாணவன்.

②நீங்கள் மருத்துவர் .

(2) 주격(복수)

문법핵심

복수	주격	뜻
1인칭	நாம்(/남-/)	우리는(전체)
	நாங்கள்(/난-갈/)	우리는(부분)
2인칭	நீ(/니-/)	너희는
	நீங்கள்(/닌-갈/)	여러분들은
3인칭	அவர்கள்(/아발갈/)	그들은(그것들은)

어휘공부

நாம்(/남-/) 우리는
நீங்கள்(/닌-갈/) 여러분들은
நீ(/니-/) 너희는
பார்க்கிறோம்(/팔-ㅋ키롬-/) 보고 있다
பார்க்கிறீர்கள்(/팔-ㅋ키릴-갈/) 보고 계시다
அவர்கள்(/아발갈/) 그들은/그분들은

예문

நாம் பார்க்கிறோம் .

(우리는 본다/보고 있다).

நீங்கள் பார்க்கிறீர்கள்.

(여러분은 보고 계십니다).

설명

1인칭 복수형 인칭대명사는 2가지로 나뉜다. '**நாம்**(/남-/ 전체 우리)'은 말하는 사람과 듣는 사람을 한데 묶어 말할 때 쓰고, '**நாங்கள்**(/난-갈/ 부분적 우리)'은 듣고 있는 사람은 배제하고 말하고 있는 사람들만을 지칭할 때 쓴다.

2인칭 복수형 인칭대명사도 2가지로 나뉜다. 다만, 1인칭 복수형처럼 논리적으로 나뉘는 것이 아니고, 존칭형과 일반형으로 나뉘는 것이 다를 뿐이다. **நீ**(/니-/ 너희들은)'은 일반형이고, '**நீங்கள்**(/닌-갈/ 여러분들)'은 존칭형이다. 타밀어에서 '**கள்**(/갈/)'은 존칭형어미로도 쓰이고 '복수형어미로도 쓰인다. 맥락에 따라 해석하면 된다.

3인칭 복수형 인칭대명사는 남자, 여자, 사물 할 것 없이 '**அவர்கள்**(/아발갈/ 그분들은, 그것들은)을 쓴다. 역시 '**அவர்**(/아발/)' + '**கள்**(/갈/)'의 형태다.

연습문제 13

다음 문장에서 주격 인칭대명사 복수형을 찾고, 해석해 보십시오.

① நீ பார்க்கிறாய் நீங்கள் / பார்க்கிறீர்கள் .

② அவர்கள் பார்க்கிறார்கள்.

(3) 인칭대명사의 목적격(단수)

문법핵심

단수	목적격	뜻
1인칭	என்னை	나를
2인칭	உன்னை	너를(당신을)
3인칭(남성)	அவனை	그 남자를
3인칭(여성)	அவளை	그 여자를
3인칭(존칭)	அவரை	그분을
3인칭(중성)	அதை	그것을 또는 이것을

어휘공부

நான்(/난-/) 나는
மரத்தை(/마랕타이/) 나무를
என்னை(/엔나이/) 나를
உன்(/운/) 너의
கண்டேன்(/칸댄-/) (나는) 보았다
உன்னை(/운나이/) 너를

예문

நான் உன் மரத்தை கண்டேன்.
(나는 너의 나무를 보았다).

설명

타밀어에서 목적어를 만들 때는 모음 'ஐ ை=(/아이/)'를 목적격 조사로 사용한다. 모음 'ஐ ை=(/아이/)'를 명사의 어미에 붙여서 만드는 것이 일반규칙이다. 인칭대명사의 경우도 마찬가지다. 예를 들어, 주격인 '**அவன்**(/아반/ 그 남자는)'을 목적격으로 만들면, '**அவனை**(/아바나이/ 그 남자를)'가 된다. 명사의 마지막 자음과 모음 아이(ஐ)가 결합한다.

அவன் + ஐ = அவனை, ← <ன்(/ㄴ/) + ஐ(/아이/) = னை(/나이/)>

만약 명사가 자음으로 끝나지 않고, 모음으로 끝난 경우에는 그 모음 앞의 자음과 모음 아이(ஐ)가 결합한다. 예를 들면, 3인칭 사물 단수 주격인 **அது**(/아두/ 그것은)는 모음 **உ**(/우/)로 끝나 있다. 이럴 경우에 모음 **உ**(/우/) 앞의 자음인 **த்**(/ㄷ/)와 목적격 조사 아이(ஐ)가 결합한다.

அது + ஐ = அதை(/아다이/) ← து(/두/) = த்(/ㄷ/) + உ(/우/), த் + ஐ = தை

예외가 있다. 1인칭 단수 주격인 **நான்**(/난-/)과 2인칭 단수 주격인 **நீ**(/니-/)는 주격에 목적격조사를 붙이지 않고 소유격에 목적격 조사를 붙인다. 그래서 각각 **என்னை**(/엔나이/)와 **உன்னை**(/운나이/)가 된다.

என்(/엔/ 나의) + ஐ(/아이/) = என்னை(/엔나이/ 나를),
உன்(/운/ 너의) + ஐ(/아이/) = உன்னை(/운나이/ 너를)

예문에서, **உன்**(/운/)은 '너의'란 뜻이다. 2인칭 단수 **நீ**/)니-/)의 소유격이다. **மரம்**(/마람/, 나무)의 목적격은 **மரத்தை**/)마랕타이/)가 된다.

연습문제 14

다음 문장에서 목적격 명사를 찾고, 문장을 해석해 보세요.

① அவள் அவனை விரும்புகிறாள் .

(4) 인칭대명사의 목적격(복수)

문법핵심

복수	목적격	뜻
1인칭	நம்மை(/남마이/)	우리를
2인칭	உம்மை(/움마이/)	너희를
3인칭(남성)	அவர்களை(/아발카라이/)	그들을
3인칭(여성)	அவர்களை(/아발카라이/)	그들을
3인칭(존칭)	அவரை(/아바라이/)	그분들을
3인칭(중성)	அவைகளை(/아바이카라이/)	그것들을 또는 이것들을

어휘공부

நாம்(/남-/) 전체 우리는

நாங்கள்(/난-갈/) 부분적 우리는

நீ(/니-/) 너는

நீங்கள்(/닌-갈/) 여러분들은

பகை(/파가이/) 싫어하다

நம்மை(/남마이/) 전체 우리를

எங்களை(/엔카라이/) 부분적 우리들을

உம்மை(/움마이/) 너희를

உங்களை(/운카라이/) 너희들을

ஆசை(/아-사이/) 좋아하다

예문

அவன் நம்மை ஆசைகிறான்.

그는 우리 전체를 좋아한다.

설명

타밀어에서 1인칭 복수는 2가지로 나뉜다. 하나는 말하는 사람과 듣는 사람 모두를

지칭하는 경우고, 다른 하나는 듣는 사람을 배제하는 경우다. 표로 정리해 보면 아래와 같다.

1인칭	நாம்(/남-/) 전체 우리는	நம்மை(/남마이/) 전체 우리를
1인칭	நாங்கள்(/난-갈/) 부분적 우리는	எங்களை(/엔카라이/) 부분적 우리들을

또한 타밀어에는 2인칭도 보통의 경우와 존칭의 경우가 따로 있다. 역시 표로 정리하면 다음과 같다.

2인칭	நீ(/니-/) 너희는(보통)	உம்மை(/움마이/) 너희들을
2인칭	நீங்கள்(/닌갈/) 여러분들은(존칭)	உங்களை(/운카라이/) 여러분들을

연습문제 15

다음 문장에서 목적격 명사를 찾고, 문장을 해석해 보세요.

① அவள் உங்களை பகைகிறாள் .

(5) 인칭대명사의 도구격(단수)

문법핵심

단수	도구격	뜻
1인칭	என்னால்(/엔날-/)	나에 의해서
2인칭	உன்னால்(/운날-/)	너에 의해서
3인칭(남성)	அவனால்(/아바날-/)	그에 의해서
3인칭(여성)	அவளால்(/아바랄-/)	그녀에 의해서
3인칭(존칭)	அவரால்(/아바랄-/)	그분에 의해서
3인칭(중성)	அதால்(/아달-/)	그것에 의해서

어휘공부

நான்(/난-/) 나는
அவனால்(/아바날-/) 그와 함께
போகிறேன்(/포-기랜-/) (내가) 간다
அவள்(/아발/) 그녀는
அதால்(/아달-/) 그것을 가지고
போகிறாள்(/포-기랄-/) (그녀가) 간다

예문

நான் அவனால் போகிறேன்.
나는 그와 함께 간다.
அவள் அதால் போகிறாள்.
그녀는 그것을 가지고 간다.

설명

அவனால்(/아바날-/)은 அவன்(/아반/(에 도구격 조사, ஆல்(/알-/)을 붙인 것이다.

அவனால் = அவன் + ஆல்
그와 함께 = 그는 + -에 의해서, -와 함께
*ன்(/ㄴ/) + ஆ(/아-/) = னா(/나-/)

அதால்(/아달-/)은 அது/)아두/)에 도구격 조사, ஆல்(/알-/)을 붙인 것이다.

அதால் = அது + ஆல்
그것을 가지고 = 그것 + -을 가지고
* து + ஆ = தா
* து(/두/)에서 모음 உ(/우/)가 탈락하고, 모음 'ஆ(/아-/)'와 결합한다.

연습문제 16

다음 문장에서 도구격 대명사를 찾은 후에, 문장을 해석해 보세요.

① அவன் அவளுடன் வருகிறான் .

②அவள் நானோடு கண்டேன் .

(6) 인칭대명사의 도구격(복수)

문법핵심

복수	도구격	뜻
1인칭	நம்மால்(/남말-/)	우리에 의해서
2인칭	உம்மால்(/움말-/)	너희에 의해서
3인칭(남성)	அவர்களால்(/아발가랄-/)	그들에 의해서
3인칭(여성)	அவர்களால்(/아발가랄-/)	그들에 의해서
3인칭(존칭)	அவர்களால்(/아발가랄-/)	그분들에 의해서
3인칭(중성)	அவைகளால்(/아바이가랄-/)	그것들에 의해서

어휘공부

நான்(/난-/) 나는

பள்ளிக்கு(/팔릭쿠/) 학교에

நாய்(/나-이/) 개

உணவு(/우나부/) 음식,

சாப்பிடுகிறது(/삽-피두기라두/) (3인칭 복수주어가) 음식을 먹는다

உம்மால்(/움말-/) 너희에 의해서

அவர்களால்(/아발가랄-/) 그분들에 의해서

சென்றார்(/센드랄-/) (그분이) 갔다

அவர்களால்(/아발가랄-/) 그것들에 의해서

நம்மால்(/남말-/) 우리에 의해서

예문

நான் அவர்களால் பள்ளிக்கு சென்றேன்.

나는 그들에 의해서 학교에 갔다.

நாய் அவர்களால் உணவு சாப்பிடுகிறது.

개는 그분들에 의해서 음식을 먹는다.

설명

அவர்களால்(/아발카랄-/)은 3인칭 존칭(중성)대명사 **அவர்**(/아발/)에 복수형 접미사 **கள்**(/갈/), 그리고 도구격 조사(3격조사) **ஆல்**(/알/)이 결합한 것이다.

அவர்களால் = அவர் + கள் + ஆல்

그분들(그들)과 함께 = 그분 + 들 + 함께

உணவு(/우나부/)는 **உ**(/우/)로 끝난 명사이기 때문에 목적격으로 쓰려면, **உணவை**(/우나바이/)로 써야 한다. 그러나, 타밀어에서는 자주 2격명사조사를 생략한다. 그래서 그냥 **உணவு**로 썼다.

연습문제 [17]

다음 문장에서 도구격 대명사를 찾고, 문장을 해석해 보세요.

① **அவர் உம்மால் செல்கிறார்.**

② **அவள் நம்மால் உட்கார்வைக்கப்பட்டார்.**

(7) 인칭대명사의 여격/간접목적격(단수)

문법핵심

단수	주격	뜻
1인칭	எனக்கு	나에게
2인칭	உனக்கு	너에게
3인칭(남성)	அவனுக்கு	그 남자에게
3인칭(여성)	அவளுக்கு	그 여자에게
3인칭(존칭)	அவருக்கு	그분 또는 당신에게
3인칭(중성)	அதற்கு	그것 또는 이것에게

어휘공부

தாய்(/다-이/) 어머니

நமக்கு(/나막쿠/) 우리에게

வாங்கு(/반-구/) 사다

காரை(/카라이/) 차를

உனக்கு(/우낙쿠/) 너에게

பந்தை(/판다이/) 공을

எனக்கு(/에낙쿠/) 나에게

பரிசுகளை(/파리수가라이/) 선물을

அவனுக்கு(/아바눅쿠/) 그에게

கொடு(/코두/) 주다

ஒரு(/오루/) 한 개의

உங்களுக்கு(운가룩쿠/) 너희에게

예문

தாய் எனக்கு பரிசுகளை வாங்குவாள்.

어머니는 나에게 선물을 사주실겁니다.

அவள் அவனுக்குக் காரை கொடுக்கிறாள்.

그녀는 그에게 차를 줍니다.

설명

எனக்கு(/에낙쿠/)는 1인칭 단수 인칭대명사 **நான்**(/난-/)의 소유격 **என்**(/엔/)에 여격(간접목적격)조사 **க்கு**(/ㅋ쿠/)을 결합한 것이다. 다른 인칭과 다르게 1인칭과 2인칭인 경우에는 소유격에 여격조사(4격조사)를 붙인다는 점에 유의해야 한다.

எனக்கு = என + க்கு
나에게 = 나의 + 에게

அவனுக்கு(/아바눅쿠/)는 3인칭 단수 인칭대명사 **அவன்**(/아반/)에 여격조사 **உக்கு**를 결합한 것이다.

அவனுக்கு = அவன் + உக்கு
*ன்(/ㄴ/) + உ(/우/) = னு(/누/)
그에게 = 그 + 에게

அவனுக்குக்(/아바눅쿡/)에서 **க்**(/ㅋ/)는 뒤에 목적격 명사 **காரை**(/카라이/)의 첫 음절 **கா**(/카-/)의 자음 때문에 조음상 첨가된 것이다.

연습문제 18

다음 문장에서 간접목적격 대명사를 찾고, 문장을 해석해 보세요.

① உனக்கு ஒரு பந்தை வாங்குகிறான்.

② அவன் உங்களுக்குப் பரிசுகளை கொடுக்கிறான் .

(8) 인칭대명사의 여격/간접목적격(복수)

문법핵심

단수	주격	뜻
1인칭	நமக்கு	우리에게
2인칭	உமக்கு	너희에게
3인칭(남성)	அவர்களுக்கு	그들에게
3인칭(여성)	அவர்களுக்கு	그들에게
3인칭(존칭)	அவர்களுக்கு	그분들에게
3인칭(중성)	அவைகளுக்கு	그것들에게

어휘공부

நமக்கு(/나막쿠/) 우리에게
எங்களுக்கு(/엔카룩쿠/) 우리에게
கொடுக்கிறார்கள்(/코둑키랄-갈/) (그들이)주다
அவர்களுக்கு(/아발카룩쿠/) 그분들에게
கொடுத்து(/코둩투/) (그것이)주었다
மாடுகள்(/마-두갈/) 소들은
பால்(/팔-/) 우유
காடு(/카-두/) 숲
என்ன(/엔나/) 무엇을

예문

மாடுகள் நமக்கு(எங்களுக்கு) பால் கொடுக்கிறது.
소는 우리에게 우유를 준다.

காடு அவர்களுக்கு என்ன கொடுத்தது?
숲은 그분들에게 무엇을 주었나?

예문

நமக்கு(/나막쿠/)는 1인칭 복수 인칭대명사 **நாம்**에 4격조사(여격조사 = 간접목적격 조사) **க்கு**를 결합한 것이다.

நமக்கு = நாம் + க்கு
*ா이 탈락
우리에게 = 우리 + 에게

நமக்கு 대신에 **எங்களுக்கு**(/엔카룩쿠/)를 써도 된다.

அவர்களுக்கு(/아발카룩쿠/)는 3인칭 단수 존칭 대명사 **அவர்**에 복수형 접미사 **கள்**, 그리고 여격조사 **உக்கு** 를 마지막에 결합한 것이다.

அவர்களுக்கு = அவர் + கள் + உக்கு
그들에게 = 그분 + 들 + 에게

연습문제 19

다음 문장에서 4격 대명사를 찾고, 문장을 해석해 보십시오. .

① **நமக்கு ஒரு பந்தை கொடுங்கள்** .

② **அவளுக்கு சட்டையை வாங்க வேண்டும்** .

(11) 인칭대명사의 소유격(단수)

문법핵심

단수	주격	뜻
1인칭	என்	나의
2인칭	உன்	너의
3인칭(남성)	அவன்(/아반)	그 남자의
3인칭(여성)	அவள்(/아발/)	그 여자의
3인칭(존칭)	அவர்(/아발/)	그분 또는 당신의
3인칭(중성)	அதன்(/아단/)	그것 또는 이것의

어휘공부

என்(/엔/) 나의
இருக்கிறது(/이룩키라두/) (단수사물주어가) 이다
என்ன(/엔나/) 무엇
பெயர்(/페얄/) 이름
உன்(/운/) 너의,

예문

என் பெயர் கிமுன்.
나의 이름은 기문이다.
உன் பெயர் என்ன?
너의 이름은 무엇이니?

설명

என்은 1인칭 단수 인칭대명사 주격 **நான்**의 소유격이고, **உன்**은 2인칭 단수 인칭대명사 주격 **நீ**의 소유격이다. 이 두 경우에 주격에서 소유격으로 변화할 때 특별한 경우이므로 잘 알아둬야 한다. **என்**과 **உன்**을 제외한 나머지 경우는 모두 주격과 동일하다. 다만 단수사물일 경우 **அதன்**(/아단/)으로 바뀐다는 것만 알아두면 된다.

연습문제 20

다음 문장에서 인칭대명사의 소유격을 찾고, 문장을 해석해 보세요.

① அது என் கார் இருக்கிறது(அந்த கார் எனக்காக இருக்கிறது).

② அது உன் வீடு இருக்கிறது(அந்த வீடு எனக்காக இருக்கிறது).

(12) 인칭대명사의 소유격(복수)

문법핵심

단수	주격	뜻
1인칭	நம்	우리의
2인칭	உம்	너희의
3인칭(남성)	அவர்கள்	그들의
3인칭(여성)	அவர்கள்	그들의
3인칭(존칭)	அவர்கள்	그분들의
3인칭(중성)	அவைகள்	그것들의

어휘공부

அவர்கள்(/아발갈/) 그것들은
உம்(/움/) 너희의
ஆடுகள்(/아-두갈/) 양들
நம்(/남/) 우리의
மாடுகள்(/마-두갈/) 소들
இருக்கிறார்கள் (그것들이)이다/있다

예문

அவர்கள் நம் மாடுகள் இருக்கிறார்கள்.
그것들은 우리의 소들이다.

அவர்கள் உம் ஆடுகள் இருக்கிறார்கள்.
그것들은 너희의 양들이다.

설명

நம்은 1인칭 인칭대명사 복수인 **நாம்**의 소유격이다. **உம்**은 2인칭 인칭대명사 복수인 **நீ**의 소유격이다. **மாடுகள்**과 **ஆடுகள்**은 둘다 **மாடு**와 **ஆடு**에 복수형 접미사 **கள்**을 붙인 것이다. 3인칭 인칭대명사 복수주어는 동사의 어말어미로 **ஆர்கள்**(/알-갈/)을 붙인다. 그래서 **இருக்கிறார்கள்**(/이룩키랄-갈/)이 된다.

연습문제 21

다음 문장에서 인칭대명사의 소유격을 찾고, 문장을 해석해 보세요.

① **நீங்கள் நம் மாணவர்கள் இருக்கிறார்கள்** .

② **நாங்கள் உம் ஆசிரியர்கள் இருக்கிறோம்** .

2) 지시대명사

문법핵심

அது(/아두/)	그것
இது(/이두/)	이것
உது(/우두/)	저것

어휘공부

அது(/아두/) 그것
மாடு(/마-두/) 소
அவருடைய(/아바루다이아/) 그분의
எது(/에두/) 어느 것
கார்(/칼-/) 차
கண்டான்(/칸단-/) (그가) 보았다
தொட்டான்(/돝탄-/) (그가) 만졌다
இவ்வீடு(/입비-두/) 이집
பை(/파이/) 가방
உன்(/운/) 너의
இது(/이두/) 이것
வீடு(/비-두/) 집
என்(/엔/) 나의
உவன்(/우반/) 저 남자
அவன்(/아반/) 그는
அவ்வீடு(/압비-두/) 그집
உவ்வீடு(/웁비-두/) 저집
புத்தகம்(/풑타감/) 책

예문

அது உன் மாடு.
그것은 너의 소(이다).

இது அவருடைய வீடு.
이것은 그분의 집(이다).

உது என் கார்?

저것이 나의 차인가?

설명

타밀어에는 அ(/아/) 그, இ(/이/) 이, உ(/우/) 저, 이렇게 3가지의 지시 접사가 있다. 이 3가지 지시 접사가 사물을 나타내는 어미 து(/두/)와 결합하여 지시대명사를 형성한다.

அது = அ + து
그 + 것
அது உன் மாடு. 그것은 너의 소(이다).

இது = இ + து
이 + 것
இது அவருடைய வீடு. 이것은 그분의 집(이다).

உது = உ + து
저 + 것
உது என் கார்? 저것이 나의 차인가?

참고로 우리가 이미 배운 인칭대명사에도 이 3가지 지시접사가 들어가 있다. 이 3가지 지시접사가 남자, 여자, 사물을 나타내는 어미와 결합하면 3인칭 단수 인칭대명사가 된다.

அவன்(/아반/)	그 남자
இவன்(/이반/)	이 남자
உவன்(/우반/)	저 남자
அவள்(/아발/)	그 여자
இவள்(/이발/)	이 여자

உவள்(/우발/)	저 여자
அது(/아두/)	그것
இது(/이두/)	이것
உது(/우두/)	저것

예문

உவன் கண்டான்?

(저 남자가 보았나?)

அவன் தொட்டான்?

(그가 만졌나?)

또한 이 3가지 지시 접사는 명사와 직접 결합하여 지시명사가 된다.

அவ்வீடு(/압비-두/)	그집
இவ்வீடு(/입비-두/)	이집
உவ்வீடு(/웁비-두/)	저집

அவ்வீடு = அ + வ் + வீடு

그집 = 그+ (조음상 삽입) + 집

இவ்வீடு = இ + வ் + வீடு

이집 = 이 + (조음상 삽입) + 집

உவ்வீடு = உ + வ் + வீடு

저집 = 저 + (조음상 삽입) + 집

연습문제 22

다음 문장에서 지시대명사를 찾고, 문장을 해석해 보세요.

① அது என் பை இருக்கிறது.

② இது அவளுடைய புத்தகம் இருக்கிறது.

3) 의문대명사

문법핵심

யார்(/얄-/)	누구
என்ன(/엔나/)	무엇
எது(/에두/)	어느 것

어휘공부

யார்(/얄-/) 누구/어느 분

என்ன(/엔나/) 무엇

எது(/에두/) 어느 것

நீ(/니-/) 너

படிக்கவில்லை(/파딕카빌라이/) 읽지 않다

예문

அவர் யார்?

그분이 누구십니까?

அது என்ன?

저것은 무엇이지?

நீ எதைப் படிக்கவில்லை?

너 어느 것을 읽지 않았지?

설명

யார்은 누구(존칭)를 물을 때 쓰는 의문대명사다. 높이지 않고 남자가 누구인지 물

을 때는 **எவன்**(/에반/)을 쓰고, 여자가 누구인지 물을 때는 **எவள்**(/에발/)을 써도 된다. 그리고 남녀를 구분하지 않고 누구인지 물을 때는 **எவர்**(/에발/)을 쓴다. 사물이 무엇인가를 물을 때는 의문대명사 **என்ன**(/엔나/)를 쓴다.

எதுப்(/에둪/)에서 **ப்**(/ㅍ/)는 뒤에 동사 **படி**(/파디/)의 첫 음절 때문에 삽입된 것이다. **படிக்கவில்லை**(/파딕카빌라이/)는 '읽다'라는 뜻의 동사 **படி**를 **க்க**(/ㅋ카/)를 붙여서 동사명사 **படிக்க**(/파딕카/)로 만든 후에, 동사부정 어미 **வில்லை**(/빌라이/)를 결합한 것이다. 원래 '아니다'라는 뜻의 어미는 **இல்லை**)/일라이/)인데, **வ்**)/ㅂ/)가 조음상 추가되어 **வில்லை**가 된 것이다.

연습문제 23

다음 문장에서 의문대명사를 찾고, 문장을 해석해 보세요.

① **உன் தாய் யார்?**

② **இது என்ன ?**

4) 유사관계분사와 유사관계대명사

문법핵심

현재관계분사: 동사원형 + 현재시간을 나타내는 선어말어미 + அ
(동사원형 하고 있는)
과거관계분사: 동사원형 + 과거시간을 나타내는 선어말어미 + அ
(동사원형 하고 있던)
미래관계분사: 동사원형 + 미래시간을 나타내는 선어말어미 + அ
(동사원형 하고 있을)

관계대명사: 관계분사 + (வ)ன், (வ)ள், (அ)து
(-하고 있는 그, 그녀, 그것)
(-하고 있던 그, 그녀, 그것)
(-하고 있을 그, 그녀, 그것)

어휘공부

படி(/파디/) 읽다
போ(/포-/) 가다
படை(/파다이/) 만들다
வா(/와-/) 오다

예문

현재시제:

원형	현재 유사관계분사	현재 유사관계대명사
படி	படிக்கிற	படிக்கிறவன்
읽다	읽는	읽는 그

அவன் படிக்கிற பாடத்தை பாருங்கள் .

그가 읽는 과를 보세요.

படிக்றவனை பாருங்கள் .

읽는 그를 보세요.

과거시제:

원형	과거 유사관계분사	과거 유사관계대명사
படி	**படித்த**	**படித்தவன்**
읽다	읽던/읽은	읽은 그/읽던 그

அவன் படித்த பாடத்தை பாருங்கள் .

그가 읽은 과를 보세요.

படித்தவன் பாருங்கள் .

읽은 그를 보세요.

미래시제:

원형	미래 유사관계분사	미래 유사관계대명사
படி	**படிப்ப**	**படிப்பான்**
읽다	읽을	읽을 그

அவன் படிப்ப பாடத்தை பாருங்கள்.

그가 읽을 과를 보세요.

படிப்பானை பாருங்கள்.

읽을 그를 보세요.

설명

타밀에 문법에는 관계분사나 관계대명사가 없다. 그러나 이 둘과 유사하게 쓰이는 경우가 있다. 그래서 유사관계분사와 유사관계대명사로 이름붙인다.

타밀어에서 유사관계분사나 유사관계대명사는 주어를 3인칭 단수(남성, 여성, 중성)로 상정하고 만든다. 만드는 방법은 어렵지 않다. 원래 과거, 현재, 미래 시제의 동사형태에서 인칭을 나타내는 어미를 제거하면 된다. 'படி(/파디/) 읽다' 로 예를 들어보자.

동사원형 + 시제를 나타내는 선어말 어미 + 인칭을 나타내는 어미
படி + க்கிற் + (ஆன், ஆள், அது)

படி(/파디/)의 현재형(주어가 3인칭 단수 남자일 경우)은 다음과 같다.

படி + க்கிற் + ஆன் = படிக்றான் (그가 읽고 있다).

현재형에서 3인칭 단수, 남성을 나타내는 어미를 제거하면(여기서는 ஆன்), 유사관계분사가 된다.

படி + க்கிற = படிக்கிற (읽는)

유사관계분사에 3인칭 남성, 여성, 중성을 나타내는 접사를 붙이면, 유사관계대명사가 된다.

படி + க்கிற + வன் = படிக்கிறவன் (읽고 있는 그)

과거시제와 미래시제도 위와 같은 원리다. 또한 3인칭 단수 여성주어와 단수 중성주어일 경우도 마찬가지다.

연습문제 24

다음 문장에서 유사관계분사를 찾고, 문장을 해석해 보십시오.

① துணிகளை வாங்கின் அவளை பாருங்கள் .

② குளித்த குழந்தையை பாருங்கள் .

3. 동사

1) 현재시제

문법핵심

현재시제의 제1형:

현재시제
어간 + 시간을 나타내는 선어말어미(கிற்) + 인칭/수의 어말어미 (ஏன், ஆய், ஆன்...)

현재시제의 제2형:

현재시제
어간 + 시간을 나타내는 선어말어미(க்கிற்) + 인칭/수의 어미+ (ஏன், ஆய், ஆன்...)

어휘공부

அவன்(/아반/) 그는
நான்(/난-/) 나는
படிக்கிறேன்(/파틱키랜-/) (그가)읽는다
போகிறான்(/포-기란-/) (그가)간다
புத்தகத்தை(/풑타캍타이/) 책을

예문

அவன் போகிறான்.
그는 간다.
நான் புத்தகத்தை படிக்கிறேன்.
나는 책을 읽는다.

설명

타밀어의 동사는 인칭, 수, 시제에 따라 어미변화에 따른 어형변화를 갖는다. 다시 말해서, 타밀어의 동사는 크게 세 부분으로 구성된다.

어간 + 시간을 나타내는 선어말어미 + 인칭과 수를 나타내는 어말어미

첫번째 예문을 살펴보자.

அவன் போகிறான். (그는 간다.)
주어 서술어. (현재시제)

주어가 3인칭 단수 **அவன்**이고, 동사가 **போ** 다. **போ**는 시간을 나타내는 선어말어미로 **கிற்**(/기ㄹ/)가 오므로 **போகிற்**(/포-기ㄹ/)가 된다. 여기에 3인칭 단수 남성주어의 어말어미인 **ஆன்(◌ான்=)**이 와서 **போகிறான்**(/포-기란-/)이 된다.

நான் புத்தகத்தை படிக்கிறேன். (나는 책을 읽는다.)
주어 목적어 서술어. (현재시제)

주어가 1인칭 단수 **நான்**(/난-/)이고, **புத்தகத்தை**(/풀타칼타이/)가 목적어이고, 서술어가 '**படி**(/파디/)'이다.

படி는 시간을 나타내는 선어말어미로 **க்கிற்**(/ㅋ키ㄹ/)가 오므로 **படிக்கிற்**(/파딕키ㄹ/)가 된다. 여기에 1인칭 단수 주어의 어말어미인 **ஏன்(=ே◌ன்)**이 와서 **படிக்கிறேன்**(/파틱키랜-/)이 된다. 참고로 **ற**(/라/)와 **ஏன்**(/앤-/)이 결합하면 **அ**(/아/)가 탈락하여 **றேன்**(/랜-/)이 된다. 타밀어문장에서는 동사만보고도 그 문장의 시제와 인칭을 알 수 있다.

각 인칭과 수에 따른 타밀어 동사의 현재시제 구성과 예문은 아래와 같다.

	인칭대명사	어간	현재시간의 선어말어미	인칭과 수의 어말어미	
단수					
1인칭	நான்	어간	(க்)கிற்	ஏன்	= 어간 + (க்)கிறேன்
2인칭	நீ	어간	(க்)கிற்	ஆய்	= 어간 + (க்)கிறாய்
3인칭	அவன்	어간	(க்)கிற்	ஆன்	= 어간 + (க்)கிறான்
3인칭	அவள்	어간	(க்)கிற்	ஆள்	= 어간 + (க்)கிறாள்
3인칭	அவர்	어간	(க்)கிற்	அர்	= 어간 + (க்)கிறார்
3인칭	அது	어간	(க்)கிற்	அது	= 어간 + (க்)கிறது
복수					
1인칭	நாம்	어간	(க்)கிற்	ஓம்	= 어간 + (க்)கிறோம்
1인칭	நாங்கள்	어간	(க்)கிற்	ஓம்	= 어간 + (க்)கிறோம்
2인칭	நீர்	어간	(க்)கிற்	ஈர்கள்	= 어간 + (க்)கிறீர்கள்
2인칭	நீங்கள்	어간	(க்)கிற்	ஈர்கள்	= 어간 + (க்)கிறீர்கள்
3인칭	அவர்கள்	어간	(க்)கிற்	ஆர்கள்	= 어간 + (க்)கிறார்கள்

예문

நான் செய்கிறேன். 나는 한다. (கிற்형 동사)
நான் கொடுக்கிறேன். 나는 준다. (க்கிற்형 동사)

நீ செய்கிறாய். 너는 한다. (கிற்형 동사)
நீ கொடுக்கிறாய். 너는 준다. (க்கிற்형 동사)

அவன் செய்கிறான். 그는 한다. (கிற்형 동사)
அவன் கொடுக்கிறான். 그는 준다. (க்கிற்형 동사)

அவள் செய்கிறாள். 그녀는 한다. (கிற்형 동사)
அவள் கொடுக்கிறாள். 그녀는 준다. (க்கிற்형 동사)

அது செய்கிறது. 그것은 한다. (கிற்형 동사)
அது கொடுக்கிறது. 그것은 준다. (க்கிற்형 동사)

நாம் செய்கிறோம். 우리는 한다. (கிற்형 동사)
நாம் கொடுக்கிறோம். 우리는 준다. (க்கிற்형 동사)

நீங்கள் செய்கிறீர். 여러분이 한다. (கிற்형 동사)
நீங்கள் கொடுக்கிறீர்கள். 여러분이 준다. (க்கிற்형 동사)

அவர்கள் செய்கிறார். 그들이(그분들이) 한다. (கிற்형 동사)
அவர்கள் கொடுக்கிறார்கள். 그분들이 준다. (க்கிற்형 동사)

2) 과거시제

과거시제의 제1형:

과거시제
어간 + 시간을 나타내는 선어말어미(ந்த்) + 인칭/수의 어말어미(ஏன், ஆய், ஆன்...)

과거시제의 제2형:

과거시제
어간 + 시간을 나타내는 선어말어미(த்த்) + 인칭/수의 어미 (ஏன், ஆய், ஆன்...)

어휘공부

அவன்(/아반/) 그는

அவள்(/아발/) 그녀는

கடி(/카디/) 깨물다

அடை(/아다이/) 이루다

நகத்தை(/나갈타이/) 손톱을

예문

அவன் அடைந்தான்.

그는 이루었다.

அவள் நகத்தை கடித்தாள். .

그녀는 손톱을 깨물었다.

설명

첫번째 예문을 보자.

அவன் அடைந்தான். (그는 이루었다.)
주어 서술어(과거시제)

அடைந்தான்/)아다인단-/)은 '이루다'라는 뜻의 동사원형 **அடை**(/아다이/)에 과거시제 선어말어미 **ந்த்**(/ㄴㄷ/)를 결합하고, 3인칭 남성 단수주어에 맞는 어말어미 **ஆன்**(/안-/)을 결합한 것이다.

அடைந்தான் = அடை + ந்த் + ஆன்
*த்(/ㄷ/) + ஆன்(/안-/) = தான்(/단-/)

두번째 예문을 보자.

அவள் நகத்தை கடித்தாள்.
그녀는 손톱을 깨물었다.

주어가 3인칭 여성단수 **அவள்**(/아발/)이고, 목적어가 **நகத்தை**(/나갈타이/), 동사가 **கடித்தாள்**(/카딛탈-/)이다. **கடி**(/카디/)는 과거시제 선어말어미로 **த்த்**(/ㄷㄷ/)가 온다. 어말어미로는 주어에 맞게 **ஆள்**(/알-/)이 왔다. 이 세 요소를 모두 결합하면 **கடித்தாள்**이 된다.

각 인칭과 수에 따른 타밀어 동사의 과거시제 구성과 예문은 아래와 같다.

	대명사	어간	과거시간의 선어말어미	인칭과 수의 어말어미	
단수					
1인칭	நான்	어간	ந்த்/த்த்	ஏன்	=어간+ ந்தேன்/த்தேன்
2인칭	நீ	어간	ந்த்/த்த்	ஆய்	=어간+ ந்தாய்/த்தாய்
3인칭	அவன்	어간	ந்த்/த்த்	ஆன்	=어간+ ந்தான்/த்தான்
3인칭	அவள்	어간	ந்த்/த்த்	ஆள்	=어간+ ந்தாள்/த்தாள்
3인칭	அவர்	어간	ந்த்/த்த்	அர்	=어간+ ந்தார்/த்தார்
3인칭	அது	어간	ந்த்/த்த்	அது	=어간+ ந்தது/த்தது
복수					
1인칭	நாம்	어간	ந்த்/த்த்	ஓம்	=어간+ ந்தோம்/த்தோம்
1인칭	நாங்கள்	어간	ந்த்/த்த்	ஓம்	=어간+ ந்தோம்/த்தோம்
2인칭	நீர்	어간	ந்த்/த்த்	ஈர்கள்	=어간+ ந்தீர்கள்/த்தீர்கள்
2인칭	நீங்கள்	어간	ந்த்/த்த்	ஈர்கள்	=어간+ ந்தீர்கள்/த்தீர்கள்
3인칭	அவர்கள்	어간	ந்த்/த்த்	ஆர்கள்	=어간+ ந்தார்கள்/த்தார்கள்

예문

நான் அதை அடைந்தேன். 나는 그것을 이루었다. (ந்த்형 동사)
நான் நகத்தை கடித்தேன். 나는 손톱을 깨물었다. (த்த்형 동사)

நீ அதை அடைந்தாய். 너는 그것을 이루었다. (ந்த்형 동사)
நீ நகத்தை கடித்தாய். 너는 손톱을 깨물었다. (த்த்형 동사)

அவன் அதை அடைந்தான். 그는 그것을 이루었다. (ந்த்형 동사)
அவன் நகத்தை கடித்தான். 그는 손톱을 깨물었다. (த்த்형 동사)

அவள் அதை அடைந்தாள். 그녀는 그것을 이루었다. (ந்த் 형 동사)
அவள் நகத்தை கடித்தாள். 그녀는 손톱을 깨물었다. (த்த் 형 동사)

அது அதை அடைந்தது. 그것은 그것을 이루었다. (ந்த் 형 동사)
அது நகத்தை கடித்தது. 그것은 손톱을 깨물었다. (த்த் 형 동사)

நாம் அதை அடைந்தோம். 우리는 그것을 이루었다. (ந்த் 형 동사)
நாம் நகத்தை கடித்தோம். 우리는 손톱을 깨물었다. (த்த் 형 동사)

நங்கள் அதை அடைந்தீர்கள். 여러분들은 그것을 이루었다. (ந்த் 형 동사)
நீங்கள் நகத்தை கடித்தீர்கள். 여러분들은 손톱을 깨물었다. (த்த் 형 동사)

அவர்கள் அதை அடைந்தார்கள். 그분들은 그것을 이루었다. (ந்த் 형 동사)
அவர்கள் நகத்தை கடித்தார்கள். 그분들은 손톱을 깨물었다. (த்த் 형 동사)

3) 미래시제

문법핵심

미래시제의 제1형:

미래시제
어간 + 시간을 나타내는 선어말어미(வ்) + 인칭/수의 어말어미 (ஏன், ஆய், ஆன்...)

미래시제의 제2형:

미래시제
어간 + 시간을 나타내는 선어말어미(ப்ப்) + 인칭/수의 어말어미 (ஏன், ஆய், ஆன்...)

어휘공부

நீ(/니-/) 너는

நான்(/난-/) 나는

திற(/티라/) 열다

வெல்(/벨/) 이기다

கதவை(/카다바이/) 문을

예문

நீ வெல்வாய்.

너는 승리할 것이다.

நான் கதவை திறப்பேன்.

나는 문을 열 것이다. .

설명

첫번째 예문을 살펴보자.

நீ வெல்வாய். (너는 승리할 것이다.)
주어 서술어

நீ(/니-/)는 2인칭이기 때문에 동사의 어말어미가 ஆய்(/아-이/)가 와야 한다. 과거시제, 현재시제에서 각 인칭에 따른 각 어말어미와 같은 어말어미가 미래시제에서도 쓰이기 때문이다. 동사 வெல்வாய்(/벨바-이/)는 동사어간 வெல்(/벨/)과 미래시간 선어말어미 வ்(/ㅂ/)가 결합한 후, 2인칭 단수주어에 호응하는 어말어미인 ஆய்(/아-이/)가 결합한 것이다.

வெல்வாய் = வெல் + வ் + ஆய்
* வ்(/ㅂ/) + ஆ(/아-/) = வா(/바-/)

두번째 예문을 살펴보자.

நான் கதவை திறப்பேன். (나는 문을 열 것이다.)
주어 목적어 서술어.

주어가 1인칭 단수 நான்(/난-/)이고, 목적어가 கதவை(/카다바이/), 서술어가 திறப்பேன்(/티랖팬-/)이다.
이 문장에 쓰인 목적어는 'கதவு(/카다부/), 문'에 목적격 조사 ஐ(/아이/)가 결합된 것이다. வு(/부/)와 ஐ(/아이/)가 결합할 때, வு(/부/)에 있던 உ(/우/)가 탈락하기 때문에 வை(/바이/)가 된다.

கதவை = கதவு + ஐ

서술어 திறப்பேன்(/티랍팬-/)은 열다 라는 뜻의 동사 어간 திற(/티라/)에 미래시간 선어말어미인 ப்ப்(/ㅍㅍ/)가 붙이고, 마지막으로 1인칭 단수 주어와 호응하는 어말어미인 ஏன்(/앤-/)을 결합시킨 것이다.

திறப்பேன் = திற + ப்ப் + ஏன்
 * ப் + ஏன் = பேன் <- ஏ = ே◌

각 인칭과 수에 따른 타밀어 동사의 미래시제 구성과 예문은 아래와 같다.

	대명사	어간	미래시간의 선어말어미	인칭과 수의 어말어미	
단수					
1인칭	நான்	어간	வ்/ப்ப்	ஏன்	= 어간 + வேன்/ப்பேன்
2인칭	நீ	어간	வ்/ப்ப்	ஆய்	= 어간 + வாய்/ப்பாய்
3인칭	அவன்	어간	வ்/ப்ப்	ஆன்	= 어간 + வான்/ப்பான்
3인칭	அவள்	어간	வ்/ப்ப்	ஆள்	= 어간 + வாள்/ப்பாள்
3인칭	அவர்	어간	வ்/ப்ப்	அர்	= 어간 + வர்/ப்பார்
3인칭	அது	어간	부정사(不定詞)형	உம்	= 어간 + வது/ப்பது
복수					
1인칭	நாம்	어간	வ்/ப்ப்	ஓம்	= 어간 + வோம்/ப்போம்
1인칭	நாங்கள்	어간	வ்/ப்ப்	ஓம்	= 어간 + வோம்/ப்போம்
2인칭	நீர்	어간	வ்/ப்ப்	ஈர்கள்	= 어간 + வீர்கள்/ப்பீர்கள்
2인칭	நீங்கள்	어간	வ்/ப்ப்	ஈர்கள்	= 어간 + வீர்கள்/ப்பீர்கள்
3인칭	அவர்கள்	어간	வ்/ப்ப்	ஆர்கள்	= 어간 + வார்கள்/ப்பார்கள்

예문

நான் வெல்வேன். 나는 승리할 것이다. (வ்형 동사)
நான கதவை திறப்பேன். 나는 문을 열 것이다. (ப்ப்형 동사)

நீ வெல்வாய். 너는 승리할 것이다. (வ்형 동사)
நீ கதவை திறப்பாய். 너는 문을 열 것이다. (ப்ப்형 동사)

அவன் வெல்வான். 그는 승리할 것이다. (வ்형 동사)
அவன் கதவை திறப்பான். 그는 문을 열 것이다. (ப்ப்형 동사)

அவள் வெல்வாள். 그녀는 승리할 것이다. (வ்형 동사)
அவள் கதவை திறப்பாள். 그녀는 문을 열 것이다. (ப்ப்형 동사)

அது வெல்லும். 그것은 승리할 것이다. (예외)
அது கதவை திறக்கும். 그것은 문을 열 것이다. (예외)

நாம் வெல்வோம். 우리는 승리할 것이다. (வ்형 동사)
நாம் கதவை திறப்போம். 우리는 문을 열 것이다. (ப்ப்형 동사)

நீங்கள் வெல்வீர்கள். 여러분은 승리할 것입니다. (வ்형 동사)
நீங்கள் கதவை திறப்பீர்கள். 여러분은 문을 열 것입니다. (ப்ப்형 동사)

அவர்கள் வெல்வார்கள். 그분들은(그들은) 승리할 것이다. (வ்형 동사)
அவர்கள் கதவை திறப்பார்கள். 그분들은(그들은) 승리할 것이다. (ப்ப்형 동사)

*주어가 3인칭 단수 중성명사(주로 사물)일 경우 대명사는 **அது**/아두/이다. **அது**/아두/가 주어로 오고 시제가 미래일 때는 다음과 같은 어형이 된다.

동사의 부정사(不定詞)형 **+ உம்**

'보다' 라는 뜻의 동사 '**பார்**/팔-/'을 예로 들어보자.

அது பார்க்கும்.
그것은 볼 것이다.

பார்க்கும்(/팔-ㅋ쿰/)은 동사 பார்(/팔-/)에 부정사(不定詞)형 접사 க்க(/ㅋ카/)를 결합하고 3인칭 단수 중성명사의 대명사에 맞는 미래시제 어말어미 உம்(/움/)을 결합한 것이다.

பார்க்கும் = பார் + க்க + உம்

*க்(/ㅋ/) + உ(/우/) = கு(/쿠/)

அ(=ய)를 붙여서 부정사(不定詞)형을 만드는 동사를 예로 들어보자.

அது செய்யும்.

그것은 할 것이다.

செய்யும்(/세이윰/)은 동사 செய்(/세이/)에 부정사형 접사(후치사) அ(=ய/아/)를 결합하고 3인칭 단수 중성명사의 대명사에 맞는 미래시제 어말어미 உம்(/움/)을 결합한 것이다.

செய்யும் = செய் + அ(=ய) + உம்

*யு(/유/) = ய(/아/) + உ(/우/)

4) 불규칙동사

(1) டு(/두/), று(/루/) 로 끝난 동사

문법핵심

과거시제	현재시제	미래시제
ட்ட் / ற்ற்	கிற்	வ்

어휘공부

நான்(/난-/) 나는

விட்டேன்(/빋텐-/) (내가) 나섰다

வேலையை(/배-라이야이/) 일을

வீட்டை(/빌-타이/) 집을

அவள்(/아발/) 그녀는

விற்றாள்(/비트랄-/) (그녀가) 그만두었다

예문

நான் வீட்டை விட்டேன். .

나는 집을 나섰다.

அவள் வேலையை விற்றாள்.

그녀는 일을 그만두었다.

설명

어미가 டு(/두/)나 று(/루/)로 끝나는 கிற்형 동사는 현재시제와 미래시제는 규칙적인

கிற்형 동사의 시제변화와 동일하다. 그러나 과거시제의 시제변화는 다르다.

첫번째 예문을 보자.
규칙적인 கிற்형 동사일 경우라면 아래와 같이 과거시제가 변화해야 한다.

நான் வீட்டை விந்தேன்.

그러나 어미가 டு(/두/)나 று(/루/)로 끝나는 கிற்형 동사는 아래와 같이 과거시제가 변화한다.

நான் வீட்டை விட்டேன்.
나는 집을 나섰다.

동사어미 டு(/두/)와 று(/루/)에서 자음 ட்(/ㅌ/)와 ற்(/ㄹ/)가 중복된 후에, 수와 인칭을 나타내는 어말어미와 결합한다.

விட்டேன் = விட் + ட் + ஏன்
*모음 உ(/우/)탈락.
* ட்(/ㅌ/)중복
*டேன் = ட் + ஏன்

두번째 예문에서 동사의 과거시제 விற்றாள்(/비트랄-/)은 동사어간 விற்(/빌/)에 자음 ற்(/ㄹ/)를 중복시킨 후에 3인칭 단수를 나타내는 어말어미 ஆள்(/알-/)을 결합시킨 것이다.

விற்றாள் = விற் + ற் + ஆள்
*றாள் = ற் + ஆள்

(2) 자음이 탈락하거나 삽입되는 동사

문법핵심

	과거시제	현재시제	미래시제
வெல்(/벨/) 이기다	வென்றேன்	வெல்லுகிறேன்	வெல்லுவேன்
நில்(/닐/) 서다/멈추다	நின்றேன்	நில்கிறேன்	நிற்பேன்

* 주어가 1인칭 단수일 경우

어휘공부

வெல்(/벨/) 이기다
நில்(/닐/) 서다/멈추다
நான்(/난-/) 나는
அவன்(/아반/) 그는

예문

நான் நின்றேன்.
나는 섰다.
அவன் வென்றான்.
그녀는 승리했다.

설명

끝이 ல்(/ㄹ/)로 끝난 동사의 과거시제는 주로 ல்(/ㄹ/)이 탈락하고 대신 ன்(/ㄴ/)가 삽입된다. 예문에서 동사 நின்றேன்(/닌랜-/)은 동사원형 வெல்(/벨/)에서 ல்(/ㄹ/)을 탈락시킨다음 ன்(/ㄴ/)과 ற்(/ㄹ/)을 삽입하고, 1인칭 단수 주어에 맞는 동사어미 ஏன்(/앤-/)을 결합시킨 것이다.

நின்றேன் = நில் + ல் 탈락 + ன் 삽입 + ற் 조음상 삽입 + ஏன்

동사 வென்றான்(/벤드란-/) 역시 위와 같은 원리다.

வென்றான் = வெல் + ல் 탈락 + ன் 삽입 + ஆன்

위 동사의 현재시제와 미래시제의 변화는 불규칙이기 때문에 하나하나 암기해서 알아두는 수밖에 없다.

5) 부정사(不定詞)형 만들기

문법핵심

동사원형 + அ(/아/)
동사원형 + க்க(/ㅋ카/) (-하기, -하는 것)

어휘공부

உட்கார்(/울칼-/) 앉다
அவளுடைய(/아바루다이아/) 그녀의
செய்(/세이/) 하다
செய்ய(/세이아/) 하는 것
வீட்டில்(빌-틸/) 집으로
அவன்(/아반/) 그는
அழு(/아루/) 울다
வேலையை(/배-라이야이/) 일을
நீ(/니-/) 너는
வேண்டும்(/밴-둠/) 필요하다/해야한다
நட(/나다/) 걷다
நடக்க(/나닥카/) 걷는 것

예문

அவளுடைய வேலையைச் செய்.
그녀의 일을 해라.
நீ அவளுடைய வேலையைச் செய்ய வேண்டும்.
너는 그녀의 일을 하는 것이 필요하다.
வீட்டிற்க்கு நடந்து போ!
집으로 걸어서 가라!
அவன் வீட்டிற்க்கு நடக்க வேண்டும்.
그는 집으로 걸어가는 것이 필요하다.

설명

타밀어에서는 동사원형에 어미, அ(/아/)나 க்க(/ㅋ카/) 중 하나를 붙여 영어의 TO부정사나 동명사와 같이 만들 수 있다. அ(/아/)를 붙여서 만드는 동사가 있고, க்க(/ㅋ카/)를 붙여서 만드는 동사가 정해져 있으므로 각 동사마다 2 개의 어미 중 어느 것을 붙여서 부정사(不定詞)형을 만드는 지 알아야 한다.
'하는 것'이란 뜻을 가진 செய்ய(/세이아/)는 동사원형 செய்(/세이/)에 부정사(不定詞)형 어미 அ(=ய/아/)를 붙여서 만들어진 것이다.

செய்ய = செய் + அ(=ய)

'걷는 것'이란 뜻을 나타내는 நடக்க(/나닥카/) '걷다'라는 뜻의 동사 நட(/나다/)에 부정사(不定詞)형 어미 க்க(/ㅋ카/)를 붙인 것이다.

நடக்க = நட + க்க

6) 동사의 부정(否定)형

(1) 현재시제와 과거시제의 부정(否定)형

문법핵심

동사의 부정사(不定詞)형 + (வ்)இல்லை + (/일라이/)

어휘공부

நான்(/난-/) 나는

இன்று(/인드루/) 오늘

நாளை(/나-라이/) 내일

உணவை(/우나바이/) 음식을

நேற்று(/내-트루/) 어제

பள்ளிக்கு(/팔릭쿠/) 학교에

சாப்பிடவில்லை(/삽-피다빌라이/) 먹지 않을 것이다/먹지 않는다

நடக்கவில்லை(/나닥카빌라이/) 걸어가지 않는다/걸어가지 않았다

예문

நான் இன்று உணவை சாப்பிடவில்லை.
나는 오늘 음식을 먹지 않는다.

நான் நேற்று உணவை சாப்பிடவில்லை.
나는 어제 음식을 먹지 않았다.

நான் இன்று பள்ளிக்கு நடக்கவில்லை.
나는 오늘 학교에 걸어가지 않는다.

நான் நேற்று பள்ளிக்கு நடக்கவில்லை.
나는 어제 학교에 걸어가지 않았다.

설명

과거시제와 현재시제의 동사 부정형은 같다. 따라서 맥락이나 문장 속의 시간부사를 보고 그에 맞게 해석을 해야 한다. 위의 두 예문을 보면, 동사가 같다. 다만 **இன்று**(/인드루/)라는 부사와 **நேற்று**(/내-트루/)라는 부사가 있어서 그에 맞게 해석한 것이다. 동사 **சாப்பிடவில்லை**(/삽-피다빌라이/)는 먹다 라는 동사 **சாப்பிடு**(/삽-피두/)에 부정사형 접사 **அ**(/아/) 조음상 첨가된 **வ்**(/ㅂ/), 그리고 부정형 어미 **இல்லை**(/일라이/)가 결합한 것이다.

சாப்பிடவில்லை = சாப்பிடு + அ + வ் + இல்லை

* **வி = வ் + இ**

* **ட = டு + அ**

நடக்கவில்லை(/나닥카빌라이/)는 '걷다' 라는 뜻의 동사 **நட**(/나다/)에 부정사형 접사**க்க**(/ㅋ카/), 조음상 첨가된 **வ்**(/ㅂ/), 그리고 부정사형 어미 **இல்லை**(/일라이/)가 결합한 것이다.

(2) 미래시제의 부정(否定)형

문법핵심

동사의 부정사(不定詞)형 + **மாட்ட்**(/맡ㅌ/)...**ஆன் ,ஆய் ,ஏன் +**

동사의 부정사(不定詞)형 + **ஆது**(/아-두/) (주어가 **அது**일 때만)

어휘공부

அழ(/아라/) 울기

நான்(/난-/) 나는

துவைக்க(/두바잌카/) 씻기

அது(/아두/) 그것은

அழு(/아루/) 울다

துவை(/두바이/) 씻다

예문

நான் அழமாட்டேன்.

나는 울지 않을 것이다.

அது துவைக்காது.

그것은 씻지 않을 것이다.

설명

타밀어에서 미래시제의 부정형은 3인칭 단수 중성이 주어가 될 경우에만 다르고 나머지 인칭대명사에서는 모두 같다.

அழமாட்டேன்(/아라말-탠/)은 '울다' 라는 뜻의 동사 **அழு**(/아루/)와 동사의 부정사형 어미 **அ**(/아/), 미래시제의 부정사형 어미 **மாட்ட்**(/말-ㅌ/), 그리고 1인칭 단수 주어에 맞는 어말어미 **ஏன்**(/앤-/)이 결합한 것이다.

அழமாட்டேன் = அழு + அ + மாட்ட் + ஏன்

துவைக்காது(/두바잌카-두/)는 씻다 라는 뜻의 동사 **துவை**(/두바이/), 동사의 부정사형어미 **க்க**(/ㅋ카/), 그리고 미래시제의 부정사형 어미 **ஆது**(/아-두/)가 결합한 것이다.

துவைக்காது = துவை + க்க + ஆது

4. 형용사

1) 명사에서 파생한 형용사

문법핵심

명사 + **ஆன**(/아-나/) 또는 **உள்ள**(/울라/)

어휘공부

அவள(/아발/) 그녀는
பெண்(/펜/) 여자
சந்தோசமான(/산도-사마-나/) 즐거운
அழகான(/아라카-나/) 아름다운
அவன்(/아반/) 그는
மனிதன்(/마니단/) 사내/남자

예문

அவள் அழகான பெண்.
그녀는 아름다운 여자이다.
அவன் சந்தோசமான மனிதன்.
그는 즐거운 남자이다.

설명

물론 타밀어에는 여러 가지의 형용사가 있다. 본래 형용사가 있고, 의문형용사, 지시 형용사, 파생형용사도 있다. 그러나 여기서는 파생형용사만 다룬다.

அழகான(/아라카-나/)는 '아름다움'이라는 뜻의 명사 **அழகு**(/아라쿠/)에 형용사형 접미사 **ஆன**(/아-나/)가 결합해서 '아름다운'이라는 뜻이 된 것이다.

அழகான = அழகு + ஆன
*கா = கு + ஆ
*결합시 모음 உ(/우/)탈락

சந்தோசமான(/산도-마-나/)는 '즐거움'이라는 뜻의 명사 **சந்தோசம்**(/산도-삼/)에 형용사형 접미사 **ஆன**(/아-나/)가 결합해서 '즐거운'이라는 뜻의 형용사가 된 것이다.

சந்தோசமான = சந்தோசம் + ஆன
*மான = ம் + ஆன

5. 부사

1) 명사에서 파생한 부사

문법핵심

명사 + **ஆய்**(/아-이/) 또는 **ஆக**(/아-카/)

어휘공부

அவள்(/아발/) 그녀는
ஆடைகளை(/아-다이카라이/) 옷을
அவன்(/아반/) 그는
நடிக்கிறான்(/나딕키란-/) (그가)논다
அழகாக(/아라카-카/) 아름답게
செய்கிறாள்(/세이키랄-/) (그녀가)만든다
சந்தோசமாக(/산도-사마-카/) 즐겁게

예문

அவள் அழகாக ஆடைகளை செய்கிறாள்.
그녀는 아름답게 옷을 만든다.
அவன் சந்தோசமாக நடிக்கிறான்.
그는 즐겁게 논다.

설명

물론 타밀어에도 본래 부사, 의문부사, 방향지시부사 등이 있다. 그러나 여기에서는 파생부사 하나만 다룬다.

타밀어에서는 부사를 명사에서 파생시킨다. 부사 **அழகாக**(/아라카-카/)는 명사 **அழகு**(/아라쿠/)에 부사형 조사 **ஆக**(/아-카/)를 붙여서 만든 것이다. **ஆக**(/아-카/)는 명사 4격(여격=간접목적격)조사로 쓰이기도 한다. 물론 **அழகாய்**(/아라카-이/)로 써도 '아름답게'라는 뜻의 부사가 된다.

அழகாக = அழகு + ஆக

சந்தோசமாக(/산도-사마-카/)는 명사 **சந்தோசம்**(/산도-삼/)에 부사형 조사 **ஆக**(/아-카/)를 결합한 것이다. 역시 **சந்தோசமாய்**(/산도-마-이/)로 써도 '즐겁게'라는 뜻의 부사가 된다.

6. 접속사

1) உம் (/움/) 그리고

문법핵심

உம்(/움/)	그리고

어휘공부

எலியும்(/에리윰/) 쥐랑
உடலும்(/우다룸/) 신체랑
மற்றும்(/마트룸/) 그리고
பூனையும்(/푸나이윰/) 고양이랑
மனதிலும்(/마나디룸/) 정신이랑

예문

எலியும் பூனையும் .
쥐와 고양이(쥐랑 고양이랑).
உடலும் மனதிலும்.
신체와 정신(몸이랑 정신이랑).

설명

타밀어에서 순접접속사의 특징은 결합되는 두 낱말 모두에 붙는다는 점이다. **எலியும்**(/에리윰/에리움/)은 쥐란 뜻의 명사 **எலி**(/에리/)에 접속사 **உம்**(/움/)이 결합한 것이다. **உ**(/우/)모음이 자음과 결합할 때 종종 **யு**(/우/유/)로 바뀌쓰인다. **பூனையும்**(/푸-나이윰/)은 고양이란 뜻의 명사 **பூனை**(/푸-나이/)에 접속사 **உம்**(/움/)이 결합한 것이다. **உடலும்**(/우다룸/)은 신체란 뜻의 명사 **உடல்**(/우달/)에 접속사 **உம்**(/움/)이 결합한 것이고, **மனதிலும்**(/마나디룸/)은 정신이란 뜻의 명사 **மனதில்**(/마나딜/)에 접속사 **உம்**(/움/)이 결합한 것이다.

உம்(/움/)이 한 낱말에만 붙으면 '또한', '심지어'란 뜻으로 쓰인다. 예를 들어, **அவளும்**(/아바룸/)이라고 하면 '그녀 역시' 또는 '그녀도' 라는 뜻이 된다.

உம்(/움/)과 같은 뜻으로 **மற்றும்**(/마트룸/)도 많이 쓰인다. 쥐와 고양이를 '**எலி மற்றும் பூனை**'로 써도 된다.

2) ஆனால் (/아-날-/) 그러나

문법핵심

ஆனால்(/아-날-/)	그러나

어휘공부

நான்(/난-/) 나는
விரும்பவில்லை(/비룸파빌라이/) 가지다
முடியவில்லை(/무디야빌라이/) -하지 못하다
அதை(/아다이/) 그것을
ஆனால்(/아-날-/) 그러나
பெற(/페라/) 가지기

예문

நான் அதை விரும்பவில்லை,
나는 그것을 가지기를 원했다.
ஆனால் நான் அதை பெற முடியவில்லை.
그러나 나는 그것을 가지지 못했다.

설명

விரும்பவில்லை(/비룸파빌라이/)는 '바라다/원하다'라는 뜻의 동사 **விரும்பு**(/비룸푸/)에 조음상 추가된 자음 **வ்**(/ㅂ/), 그리고 동사부정어미 **இல்லை**(/일라이/)가 결합한 것이다. 그대로 해석하면 '원하는 것이 없게 하다'라는 뜻이 된다. 원하는 것이 없게 되는 것이 가지는 것과 같은 의미로 보면 되겠다.

விரும்பவில்லை = விரும்ப + வ் + இல்லை

பெற(/페라/)는 '가지다'라는 동사 பெறு(/페루/)의 동명사형 이다. முடியவில்லை(/무디야빌라이/)는 '–하지 못하다'라는 뜻이다. '–할 수 있다'라는 뜻의 조동사 முடியும்(/무디윰/)의 동명사형 முடிய에 조음상 추가된 자음 வ்(/ㅂ/), 그리고 동사부정어미 இல்லை(/일라이/)가 결합한 것이다. 따라서 பெற முடியவில்லை(/페라 무디야빌라이/)는 '가지지 못했다'라는 뜻이 된다.

முடியவில்லை = முடிய + வ் + இல்லை

3) அல்லது (/알라두/) 또는

문법핵심

அல்லது(/알라두/)	또는

어휘공부

நீ(/니-/) 너는

நான்(/난-/) 나는

அல்லது(/알라두/) 또는

예문

நீ அல்லது நான்.
너 아니면 나
너 또는 나

설명

특별한 설명이 필요치 않을 것 같다. 다만 **அல்லது**(/알라두/) 양쪽에 오는 낱말은 동등한 성격의 낱말이 와야 한다는 것만 알면 될 것같다.

제3부

독해와 작문

தமிழ் அறிமுகம்

1. 명사의 격변화

1) 타밀어 단문 독해연습 1

다음 문장을 해석해 보십시오.

(1) காட்டிலே சேறு .

(2) பசு காட்டிலே மேய்கிறது .

(3) மேய்ப்பன் மாட்டை மேய்க்கிறான் .

(4) பெரிய வைத்தியன் வீட்டுக்கு வந்தான் .

(5) சின்ன மாடு காட்டில் மரத்தை அழித்தது .

어휘정리

காட்டிலே 숲속의/숲속 안에
பசு 소
மாட்டை 황소를
வீட்டுக்கு 집에/집으로
சேறு 진흙
மேய்ப்பன் 목동
வைத்தியன் 의사
மாடு 황소

மரத்தை 나무를

வந்தான் (그가) 왔다

பெரிய 큰/멋진

மேய் 풀을 먹다/풀 뜯다

அழி 부수다/파괴하다

சின்ன 작은/어린

문법정리

타밀어의 명사는 1격(주격)부터 8격(호격)까지 있다.
타밀어에서는 '있다'라는 동사 'இரு'가 자주 생략된다.

(1)번이 동사 'இரு'가 생략된 문장이다.
(2)번은 주어가 사물이고 단수이므로 어미가 'கிறது(/키라두/)'가 왔다.
(3)번은 '주어 + 목적어 + 서술어'로 이루어진 문장이다. 주어가 3인칭 단수 남성이므로 동사의 마지막이 ஆன்(/안-/)으로 끝났다.
(4) '형용사 + 1격명사주어 + (명사+க்கு) + 과거시제 서술어'로 이루어진 문장이다. 타밀어에서 형용사는 항상 명사 앞에만 온다.
(5) '형용사 + 명사 + 7격명사 + 목적어 + 과거시제 서술어'로 이루어진 문장이다.

2) 타밀어 단문 작문연습 1

다음 문장을 타밀어로 작문해 보십시오.

(1) 그녀는 아들과 함께 왔다.

(2) 나는 숲속에서 고양이를 불렀다.

(3) 목동이 시골에서 소를 먹일 것이다.

(4) 의사가 숲속에서 사라졌다.

(5) 어린 딸을 위해서 이것을 해라.

어휘정리

மகனுடன் 아들과 함께
நாயை 고양이를
நாட்டில் 시골에서
வைத்தியன் 의사
அவள் 그녀는
இதை 이것을
கூப்பிட்டேன் (나는) 불렀다
அழி 사라지다/파괴하다
சின்ன 어린
காட்டில் 숲속에
மேய்ப்பான் 목동
பசுவை 소를
மகளாக 딸을 위해서
நான் 나는
வந்தாள் (그녀가)왔다
மேய் 풀뜯다
செய் 하다

문법정리

(1)번은 주어가 3인칭 단수 여성이고 시제가 과거시제인 문장이므로 동사 어미가 ஆள்(/알-/)로 끝나야 한다. '오다'라는 동사는 과거시제에서 ந்த்형 동사에 속한다.

(2)번은 주어가 1인칭 단수이고, 시제가 과거이다. '부르다' 라는 동사 கூப்பிடு(/큪-피두/)는 과거시제 때, ட்ட்(/ㅌㅌ/)형을 취하는 동사이다.

(3)번은 주어가 3인칭 단수이고 시제가 미래이다. '풀을 뜯기다'라는 동사 மேய்(/매-이/)는 미래시제 때, ப்ப்(/ㅍㅍ/)를 취하는 동사이다.

(4)번은 주어가 3인칭 단수이고 시제가 과거이다. '사라지다'라는 동사 அழி(/아리/)는 과거시제 때, ந்த்(/ㄴㄷ/)를 취하는 동사이다.

(5)번은 주어가 3인칭 단수이고 시제가 현재이다. 명령문이므로 동사는 원형으로 그대로 쓴다.

2. 불규칙 목적격

1) 타밀어 단문 독해연습 2

다음 문장을 해석해 보십시오.

(1) ஆட்டைக் கண்டேன் .

(2) மேய்ப்பன் மாட்டை மேய்த்தான் .

(3) பசுவையும் பையனையும் கண்டேன் .

(4) பிதாவையும் தாயையும் கூப்பிட்டான் .

(5) நல்ல வாத்தகன் ஒரு மரத்தை கொடுப்பான் .

어휘정리

மாட்டை 황소를

ஆட்டை 양을

பையனையும் 소년이랑

மரத்தை 나무를

கண் 보다

மேய்ப்பன் 목동

பசுவையும் 소랑

வாத்தகன் 의사

பிதாவை 아빠를

மேய் 먹다/먹이다

கூப்பிட்டான் (그가) 불렀다
நல்ல 멋진/착한

கொடு 주다
ஒரு 한/하나의

문법정리

타밀어에서 목적어는 일반적으로 명사에 목적격조사 ஐ(/아이/)를 붙이면 된다. 그러나 몇 몇 예외가 있다.

(1)번에서 ஆடு(/아-두/)는 목적어로 쓰일 때 டு(/두/)의 자음 ட்(/ㅌ/)를 중복한 후에 목적격 조사 ஐ(/아이/)를 붙인다. 그래서 ஆட்டை(/알-타이/)가 된다. 주로 டு(/두/)로 끝나는 동사가 이런 경우가 많다.
(2)번에서 மாடு(/마-두/)역시 목적어로 변할 때 டு(/두/)의 자음 ட்(/ㅌ/)를 중복한 후에 목적격 조사 ஐ(/아이/)를 붙인다.
(5)번에서 மரம்(/마람/)은 목적어로 변할 때 ம்(/ㅁ/)이 탈락하고, 대신 த்த்(/ㄷㄷ/)를 넣은다음 목적격 조사를 붙인다.

2) 타밀어 단문 작문연습 2

다음 문장을 타밀어로 작문해 보십시오.

(1) 그들은 염소를 보았다.

(2) 우리는 숲을 파괴했다.

(3) 나는 고양이를 보았다.

(4) 그녀가 책을 줄 것이다.

(5) 그는 집을 보았다.

어휘정리

ஆட்டை 염소를
பூனையை 고양이를
வீட்டை 집을
நாம் 우리는
அவள் 그녀는
பார் 보다
கொடு 주다
காட்டை 숲을
புத்தகத்தை 책을
அவர்கள் 그들은
நான் 나는
அவன் 그는
அழி 파괴하다

문법정리

(2)번에서 '숲' 이란 뜻인 காடு(/카-두/)역시 டு(/두/)의 자음 ட்(/ㅌ/)를 중복한 후에 목적격 조사 ஐ(/아이/)를 붙인다.

(3)번에서 '고양이란' 뜻의 பூனை(/푸-나이/)는 ஐ(/아이/)로 끝났다. ஐ(/아이/)로 끝난 낱말을 목적어로 만들 때는 목적격 조사 யை(/야이/)를 붙인다.

(4)번에서 '책'이란 뜻의 புத்தகம்(/풀타감/)은 ம்(/ㅁ/)으로 끝났기 때문에 목적어로 쓰일 때 ம்(/ㅁ/)이 탈락하고 대신 த்த்(/ㄷㄷ/)가 삽입된 다음 목적격 조사 ஐ(/아이/)—가 붙는다.

(5) '집'이란 뜻의 명사 வீடு(/비-두/)역시 டு(/두/)로 끝난 동사와 같이 목적어로 바뀐다.

3. 명사의 복수형과 명사의 격

1) 타밀어 단문 독해연습 3

다음 문장을 해석해 보십시오.

(1) மரங்களை எடு .

(2) பையன்களுக்குக் கொடு .

(3) அந்த வைத்தியர்களின் வீடுகள் .

(4) நாய்களை நிறுத்து .

(5) அந்த வர்த்தகருக்குச் சொல்லு .

어휘정리

மரங்களை 나무들
வைத்தியர்களின் 의사들의
நாய்களை 개들
அந்த 저것은
கொடு 주다
பையன்களுக்கு 어린이들에게
வீடுகள் 집들
வர்த்தகருக்கு 상인들에게
எடு 들다
நிறுத்து 세우다/멈추다

சொல்லு 말하다 அந்த 저

문법정리

(1)번에서 '나무'를 뜻하는 명사 மரம்(/마람/)은 자음 ம்(/ㅁ/)으로 끝났다. 자음 ம்(/ㅁ/)으로 끝나는 명사의 복수형은 ம்(/ㅁ/)을 탈락시킨 다음 대신 ங்(/ㄴ/)를 삽입하고 복수형 접미사 கள்(/갈/)을 붙인다. 여기서는 மரங்கள(/마란갈/)이 목적격으로 쓰였기 때문에 மரங்களை(/마란카라이/)가 되었다.

(3)번에서 '의사'의 복수형인 வைத்தியர்கள்(/바잍티얄갈/)에 처소격 조사(후치사) இன்(/인/)이 붙어서' 의사들'의 라는 뜻의 명사 வைத்தியர்களின்(/바잍티얄가린/)이 되었다. இன்(/인/)은 처소격조사로도 쓰이지만 탈격조사로도 쓰인다.

(5)번에서 '상인분들에게'란 뜻의 4격명사 வர்த்தகருக்கு(/발ㅌ타가룩쿠/)는 வர்த்தகன்(/밡타간/) 상인의 존칭형명사 வர்த்தகர்(/발ㅌ타갈/)에 4격명사 조사 க்கு(/ㅋ쿠/)를 붙인 것이다.

2) 타밀어 단문 작문 연습 3

다음 문장을 타밀어로 작문해 보십시오.

(1) 그는 목동과 함께 저 소들을 보았다.

(2) 그는 그것들을 이 책에서 배웠다.

(3) 그들은 상인들이다.

(4) 상인들이 어디에 있지?

(5) 그 사람들은 어디에 있지?

어휘정리

மேய்ப்பானால் 목동과 함께

புத்தகமில் 책에서

வியாபாரிகள் 상인들

அவர் 그분(존칭)

அவர்களை 그것들은

பார்த்தார் (그분이)보았다

இருக்கிறார்கள் (그들이)있다

இந்த 이

பசுக்களை 소들을

வர்த்தகன்கள் 상인들

மக்கள் 사람들

அவன் 그는

அவர்கள் 그분들은

படித்தான் (그가)공부했다

அந்த 저

எங்கே 어디에

문법정리

(1)번에서 주어가 3인칭 단수 존칭이므로 서술어의 어미가 ஆர்(/알-/)로 끝나야 한다. 또한 பார்(/팔-/)은 과거시제에서 த்த்(/ㄷㄷ/)형 동사이므로 பார்த்தார்(/팔-읕탈-/)이 된다.

(2)번에서 주어가 3인칭 단수 남성이므로 서술어의 어미가 ஆன்(/안-/)이 와야 한다. படி(/파디/) 역시 과거시제에서 த்த்(/ㄷㄷ/)형 동사이므로 படித்தான்(/파딭탄-/)이 된다.

(3)번에서 주어는 3인칭 복수이므로 서술어의 어미가 கள்(/갈/)이 와야 한다. 이 문장에서는 '이다/있다'라는 동사가 생략되어 주어와 보어로만 이루어져 있다.

(4) 타밀어에서 의문문은 평서문의 끝에 물음표(?)만 붙이면 된다. 역시 주어가 복수이므로 서술어의 어미가 கள்(/갈/)이 와야 한다.

(5) மக்கள்(/막칼/)은 '사람들'이란 뜻으로 복수명사다. 그러므로 서술어의 어말어미에 கள்(/갈/)이 와야 한다

4. 격부호 생략과 변형

1) 타밀어 단문 독해연습 4

다음 문장을 해석해 보십시오.

(1) பாடம் படித்தான் .

(2) தண்ணீர் எங்கே?

(3) செபம் படிக்கிறான்?

(4) அவனிடத்தில் பணம் உண்டு .

(5) மேசை இங்கே போடு .

어휘정리

பாடம் 과/수업
செபம் 구도자/기도자
பணம் 돈
படித்தான் (그가)읽었다
தண்ணீர் 찬물
அவனிடத்தில் 그에게
மேசை 테이블
படிக்கிறான் (그가)읽는다

உண்டு 있다

எங்கே 어디에

போடு 두다

இங்கே 여기에

문법정리

(1)번 문장은 주어가 생략된 문장이지만, 서술어의 어미 **ஆன்**(/안-/)을 보고 주어가 3인칭 단수 남성임을 알 수 있다.

타밀어에서는 종종 목적격조사와 소유격조사를 생략할 수 있다. 이 문장에서도 **பாடம்**(/파-담/)이 목적어인데 목적격조사를 쓰지 않고 그냥 주격명사로 썼다. 이런 경우에는 문장의 맥락과 어순을 보고 문장 속 각 낱말의 문장성분을 알 수 있다. 이미 서술어의 어말어미를 보고 주어가 3인칭 단수임을 알았으므로 주어가 더 이상 나올 수 없다. 그리고 서술어 **படி**(/파디/)는 '배우다/읽다'라는 뜻으로 목적어를 필요로 하는 동사다. 이렇게 봤을 때, **பாடம்**이 목적어임을 알 수 있다.

(2)번에서는 '이다/있다'라는 동사가 생략되어 있다. 문장에 나와 있는 단어만 해석하면, '찬물 어디?'가 된다. 우리가 종종 서술어를 생략하여 말해도 의미가 전달되는 것처럼 타밀어에서도 '이다/있다'라는 동사는 자주 생략된다.

(3)번에서는 목적어가 생략되어 있다. 그러나 맥락상 알 수 있다.

2) 타밀어 단문 작문연습 4

다음 문장을 타밀어로 작문해 보십시오.

(1) 그는 집에서 공부한다.

(2) 그는 강에서 책을 읽는다.

(3) 그녀가 수업을 듣니?

(4) 집에 찬물이 있나?

(5) 나는 소금을 원해(나에겐 소금이 필요해).

어휘정리

வீட்டில் 집에
ஆற்றில் 강에서
பாடத்தை 수업을
உப்பு 소금
அவள் 그녀는
படிக்கிறான் (그가)읽는다
கொன்றாள் (그녀가)듣는다
வேண்டும் 원하다
பையன் 소년
புத்தகத்தை 책을
தண்ணீர் 찬물
அவன் 그는
நான் 나는
படிக்கிறது (그것이)공부한다
இருக்கிறது (그것이)있다

문법정리

(2), (3)번에서 **ம்**(/ㅁ/)으로 끝난 낱말이 **புத்தகம்**(/풑타감/)과 **பாடம்**(/파-담/)이다. 이 두 낱말은 이대로 목적어로 써도 된다. 목적격조사를 붙일 때는 자음에 변화가 일어난다. **ம்**(/ㅁ/)으로 끝난 낱말이 목적격으로 변할 때는 **ம்**(/ㅁ/)이 탈락하고 대신 **த்த்**(/ㄷㄷ/)가 들어간후 목적격조사 **ஐ**(/아이/)가 붙는다. 이렇게해서 **புத்தகத்தை**(/풑타갇타이/)와 **பாடத்தை**(/파-닫타이/)라는 목적격 명사가 된다.

(5)번에서 '소금'이라는 뜻의 명사 **உப்பு**(/웊푸/)는 목적격조사를 생략하고 주격의 형태로 목적격 역할을 하고 있다.

5. 대명사 1

1) 타밀어 단문 독해연습 5

다음 문장을 해석해 보십시오.

(1) நம்மால் அழிந்தான் .

(2) அவன் அதை இப்படிச் செய்தான் .

(3) என்னோடு பிள்ளைகள் நடக்கிறது .

(4) உன்னுடைய புத்தகத்தைச் சின்ன பையனுக்குக் கொடு .

(5) உன் தகப்பன் வீட்டில் இருக்கிறார் .

어휘정리

பிள்ளைகள் 어린이들
பையனுக்கு 어린이에게
வீட்டில் 집에
அவன் 그는
என்னோடு 나에 의해서

புத்தகத்தை 책을
தகப்பன் 아버지
நம்மால் 우리에 의해서(우리와 함께)
அதை 그것을
உன்னுடைய 당신의(선생님의)

உன் 너의

செய்தான் (그가)했다

கொடு 주다

அழிந்தான் (그는)패배했다

நட 가다

இருக்கிறார் (그분이)계시다

문법정리

타밀어에서 대명사도 명사와 같이 8격이 있다. 1-8격조사는 명사와 동일하고, 결합원리도 동일하다.

(1)번 문장에는 주어가 없다. 1인칭 복수 대명사 **நாம்**(/남-/)과 3격조사(도구격조사) **ஆல்**(/알-/)이 결합한 **நம்மால்**(/남말-/)이 오고 바로 서술어가 왔다. 그러나 서술어의 어미를 보고 우리는 주어가 3인칭 단수 남성이라는 것을 알 수 있다. **நம்மால்**(/남말-/)은 불규칙변화를 겪으므로 잘 알아둬야 한다.

(2)번 문장에서 **அதை**(/아다이/)는 지시대명사 **அந்த**(/안다/)의 목적격이다. 역시 불규칙이므로 암기해야 한다. **ந்**(/ㄴ/)가 탈락하고 목적격조사와 결합한다.

2) 타밀어 단문 작문연습 5

다음 문장을 타밀어로 작문해 보십시오.

(1) 그것들은 나의 작은 책들이다.

(2) 언제 우리 소가 초원에서 풀을 뜯는가?

(3) 나의 아버지는 어디에 있는가?

(4) 우리들 중 누가 크게 읽고 있지?

(5) 작은 아이가 그들과 함께 집에 갔다.

어휘정리

புத்தகங்கள் 책들
காட்டில் 숲속에
பையன் 어린이
அவர்கள் 그들은
எவர் 누가
மேய்கிறது (그것이)풀을 뜯다
வாசி (소리내어)읽다
சின்ன 어린
எங்கே 어디에
மாடு 소
அப்பா 아빠
வீட்டில் 집에
என் 나의
அவர்களுடன் 그들과 함께
இருக்கிறார் (그분이)계시다
வந்தது (그것이)왔다
எப்போது 언제

문법정리

타밀어는 우리말과 어순이 정확히 일치한다. 따라서 타밀어를 읽고 쓸 때는 우리말처럼 하면 된다.

(1)번에서 주어가 3인칭 복수이므로 보어에도 복수형 접미사가 붙었다. 이 문장에는 '이다/있다'라는 서술어가 생략되어 있다. 타밀어에서 형용사는 항상 수식하는 명사 앞에 온다.
타밀어에는 타동사와 자동사, 양쪽으로 자유자재로 쓰이는 동사가 많다. 대표적인 예가 (3)번 문장에서 나오는 மேய்(/매-이/)이다. 이 동사가 자동사로 쓰이는 '풀을 뜯다'라는 뜻이 되고 타동사로 쓰이면 '풀을 뜯기다'라는 뜻이 된다. 다만 주의할 점은 이 동사가 현재시제에서 자동사로 쓰일 때와 타동사로 쓰일 때 한가지 차이가 있다. 이 동사의 어간과 선어말어미가 결합할 때, 자동사로 쓰일 때는 க்(/ㅋ/)가 빠지고 타동사로 쓰일 때는 க்(/ㅋ/)가 들어간다.

6. 대명사 2

1) 단문 독해연습 6

다음 문장을 해석해 보십시오.

(1) நான் பெரிய மனிதன் இருக்கிறேன் .

(2) அவள் நல்ல தாய் .

(3) அவன் கெட்ட வர்த்தகன்.

(4) நான் சின்ன பையனைக் கண்டேன்.

(5) அவர்கள் இதைச் செய்ய வேண்டும் .

어휘정리

மனிதன் 남자
கண் 눈
நான் 나
அவன் 그
தாய் 엄마
வர்த்தகன் 상인
அவள் 그녀
இதை 이것을

அவர்கள் 그분들

செய் 하다

பெரிய 큰(멋진)

நல்ல 좋은

கண் 보다

இரு 이다

கெட்ட 나쁜

문법정리

(1)번에서 대명사는 1인칭 단수 நான்(/난-/)이기 때문에 '이다/있다'라는 동사 இரு(/이루/)에 현재시제를 나타내는 선어말어미 க்கிற்(/ㅋ키ㄹ/), 그리고 1인칭과 단수를 나타내는 어말어미 ஏன்(/앤-/)이 결합한 동사가 왔다. பெரிய(/페리야/)는 '멋진/큰/훌륭한' 이라는 뜻으로 쓰인다.

(2)번과 (3)번에서는 동사 동사 இரு(/이루/)가 생략되어 있다.

(4)번 문장을 구성하는 품사는 보면, '대명사 + 형용사 + 명사 + 동사'인 것을 알 수 있다. 타밀어에서는 항상 형용사가 꾸미는 명사 앞에만 올 수 있다. பையனைக்(/파이야나잌/)에서 க்(/ㅋ/)는 뒤에 동사 கண்(/칸/)의 첫 음절 க(/카/) 때문에 사잇소리로 첨가된 것이다. 아무런 뜻은 없다.

(5)번 문장에는 '동사의 명사형'이 들어있다. செய்ய(/세이아/)는 '하다'라는 동사 செய்(/세이/)에 명사형어미 ய(=அ/아/)가 붙어서 '하기 또는 하는 것'이란 뜻의 명사가 되었다.

2) 단문 작문연습 6

다음 문장을 타밀어로 작문해 보십시오.

(1) 이것은 오래된 나무다.

(2) 저것을 해라.

(3) 그는 어떤 분을 만졌다.

(4) 너는 어린 소년(이다).

(5) 선생님은 훌륭한 상인(입니다).

어휘정리

மரம் 나무
வர்த்தகன் 상인
அது 이것
நீ 너
செய் 하다
பழைய 오랜된
பெரிய 훌륭한
பையன் 소년
இந்த 이것
அதை 그것을
நீர் 선생님(당신)
தொட்டான் (그가)만졌다
சின்ன 어린

문법정리

(1)번 문장에는 '이다/있다'라는 동사가 생략되어 있다. இந்த(/인다/)는 지시대명사로도 쓰이고 지시형용사로도 쓰인다. 맥락에 따라 적절히 해석해야 한다. 이 문장을 동사가 없는 문장으로 보고 해석하면, '이 오래된 나무'란 구가 되고, 동사가 생략된 것으로 생각하고 해석하면, '이것은 오래된 나무이다'가 된다.

(2)번 문장은 명령문이다. 타밀어에서 명령문은 동사원형으로 표현한다.

(3)번 문장에서 '만지다'라는 뜻의 동사 தொடு(/도두/)는 불규칙동사다. 이 동사는 과거시제에서 ட்ட(/ㅌㅌ/)를 취한다.

(4)번, (5)번 문장 역시 '이다/있다'라는 동사가 생략된 문장으로 봐도 좋다.

7. 대명사 3

1) 타밀어 단문 독해연습 7

다음 문장을 해석해 보십시오.

(1) இதை நம்ப வேண்டும்.

(2) எதைச் செய்ய வேண்டும் ?

(3) என்ன செய்கிறாய் ?

(4) அது தெரியும் ?

(5) சின்னப் பையன் சுறுசுறுப்பாய்ப் படிக்கிறான் ?

어휘정리

நம்ப 믿는 것이

பையன் 소년

எதை 어느 것을

என்ன 무엇을

செய்கிறாய் (너는)하다

செய்ய 하는 것이

இதை 이것을

அதை 저것을

வேண்டும் 필요하다/해야한다

தெரியும் 이해하다

படிக்கிறான் (그가)공부하다
சின்ன 어린
சுறுசுறுப்பாய் 열심히

문법정리

(1)번 문장에서 주어는 일반인이거나 맥락상 아는 사람인것으로 간주해서 생략되어 있다. '믿는 것'이란 뜻의 동사파생명사 நம்ப(/남파/)는 '믿다'라는 뜻의 동사 நம்பு(/남푸/)에 파생명사어미 அ(/아/)가 결합한 것이다.

(2)번 문장에서 역시 주어가 생략되어 있다. 타밀어에서 의문문을 만드는 방법은 2가지가 있는데, 대답을 원하지 않는 의문문일 경우는 평서문에 단지 물음표만 붙이면 된다.

(3)번 문장에서 주어는 생략되어 있지만, 동사어미 ஆய்(/아-이/)를 보고 2인칭 단수 주어임을 알 수 있다.

(5)번 문장에서 '부지런히'란 뜻의 부사 சுறுசுறுப்பாய்(/수루수룹파-이/)는 명사சுறுசுறுப்பு(/수루수룹푸/)에 부사형 어미 ஆய்(/아-이/)가 결합한 것이다. 2인칭 단수주어를 나타내는 동사어미와 착각하면 안된다.

2) 타밀어 단문 작문연습 7

다음 문장을 타밀어로 작문해 보십시오.

(1) 그는 언제 읽을 거지?

(2) 내가 이것을 배워야 하는가?

(3) 그 의사가 뭐라고 말합니까?

(4) 경비원이 그곳에 있나요?

(5) 그는 경비원이 아닙니다.

어휘정리

படிக்க 읽는 것이
காவலால் 경비원
இதை 이것을
அந்த 그것이
படிப்பான் (그는) 읽을 것이다
சொல்ந்தான் (그가) 말했다
ஆல்ல 없다/아니다
அங்கே 거기에
வைத்தியன் 의사
அவன் 그는
எனக்கு 나에게
என்ன 무엇을
வேண்டும் 필요하다
இருக்கிறது (그것이) 있다
எப்போழுது

문법정리

(1)번 문장을 타밀어로 작문할 때 주어를 써도 좋지만, 주어를 생략해도 동사의 어말어미에 나와 있으므로 상관없다.

(2)번 문장에서 주어는 '내가'이므로 **நான்**(/난-/)을 써야 하지만, **எனக்கு**(/에낙쿠/)라고 쓰기도 한다. 타밀어에서는 자주 주격과 여격(4격=간접목적격)명사를 바꿔서 사용한다.

(3)번 문장에서 '뭐라고'는 '무엇을'이라는 대명사 **என்ன**(/엔나/)를 쓰면 된다.

(4)번 문장에서, '경비원'의 성은 중성으로 보면 좋다. 경비원이 남성인지 아닌지 정확히 모를 경우에는 중성명사 어말어미 **அது**(/아두/)를 사용한다.

(5)번 문장은 부정문이다. 동사부정 **இல்லை**(/일라이/)를 사용하면 된다.

8. 시제일반 1

1) 타밀어 단문 독해연습 8

다음 문장을 해석해 보십시오.

(1) அவன் என்னை அழிப்பான்.

(2) நல்ல வைத்தியன் படிப்பான்.

)3) அவள் பெரிய நாயைக் கொடுத்தாள் .

(4) பிள்ளை படித்தது .

(5) பெரியபிள்ளை படித்தது .

어휘정리

வைத்தியன் 의사
பிள்ளை 어린이
என்னை 나를
அழி 파괴하다
நாயை 개를
அவன் 그
அவள் 그녀
படி 읽다/배우다

கொடு 주다

நல்ல 멋진/좋은

பெரிய 큰/훌륭한

문법정리

(1)번 문장에서 '혼내다/파괴하다'라는 동사 அழி(/아리/)는 미래시제에서 ப்ப்(/ㅍㅍ/)를 취하는 동사다. 주어가 3인칭 단수 남성이므로 동사의 어말어미는 ஆன்(/안-/)이 된다.

(2)번 문장에서 3인칭 단수 남성이므로 역시 동사의 어말어미는 ஆன்(/안-/)이 된다. படி(/파디/)는 미래시제에서 ப்ப்(/ㅍㅍ/)를 취하는 동사다.

(3)번 문장에서 கொடு(/코두/)는 과거시제에서 த்த்(/ㄷㄷ/)를 취하는 동사다. 주어가 3인칭 단수 여성이므로 동사의 어말어미는 ஆள்(/알-/)이 된다.

(2)번, (4)번, (5)번 문장에는 목적어가 없다. '읽다/배우다'라는 뜻이 동사 படி(/파디/)는 자동사와 타동사 둘 다로 쓰인다.

2) 타밀어 단문 작문연습 8

다음 문장을 타밀어로 작문해 보십시오.

(1) 어린 개가 그것을 망가뜨렸다.

(2) 나쁜 소년이 그것들을 망가뜨릴 것이다.

(3) 그가 그것을 주었다.

(4) 내가 줄 것이다.

(5) 의사가 그것을 주었다.

어휘정리

நாய் 개
ஆண் 소년/남자아이
அவைகளை 그것들을
கொடு 주다
கெட்ட 나쁜
வைத்தியன் 의사
அதை 그것을
அழி 부수다/망가뜨리다
சின்ன 어린

문법정리

(1)번 문장은 과거시제문장이다. '파괴하다/혼내다'라는 뜻의 동사 அழி(/아리/)는 과거시제에서 த்த்(/ㄷㄷ/)를 취한다.

(2)번 문장은 미래시제다. 미래시제에서 அழி(/아리/)는 시간을 나타내는 선어말어미로 ப்ப்(/ㅍㅍ/)를 취한다. 소년은 중성명사로 여긴다.

(3)번 문장은 과거시제다. 주어가 3인칭 단수 남성이므로 동사의 어말어미에 ஆன்(/안-/)이 와야 한다.

(4)번 문장은 미래시제 문장이다. 주어가 1인칭 단수이므로 동사의 어말어미는 ஏன்(/엔-/)이 와야한다.

(5)번 문장은 과거시제 문장이다. '주어 + 목적어 + 서술어'형태의 문장이다. 역시 주어가 3인칭 단수 남성이므로 동사의 어말어미에 ஆன்(/안-/)이 와야한다.

9. 시제일반 2

1) 타밀어 단문 독해연습 9

다음 문장을 해석해 보십시오.

(1) ஆடைகளை உடுக்கிறார்கள்.

(2) வீட்டிலே என்ன உடுத்தேன்?

(3) எங்கே படுத்தான் ?

(4) காட்டில் வளர்ந்தது .

(5) காட்டிலே என்ன மரம் வளர்ந்தது.

어휘정리

ஆடைகளை 옷들을
காட்டில் 숲에서
என்ன 무엇을
உடுத்தேன் (내가)만들었다
வளர்ந்தது (그것이) 자랐다
வீட்டிலே 집에서
மரம் 나무
உடுக்கிறார்கள் (그녀 분이)만들다
படுத்தான் (그가)누웠다
எங்கே 어디에

문법정리

(1)번부터 (4)번까지 모두 주어가 없다. 그러나 각 문장의 동사어미를 보고 주어의 인칭과 수를 알 수 있다.

(1)번 문장의 동사어미가 **ஆர்கள்**(/알-갈/)이므로 주어가 3인칭 단수 존칭임을 알 수 있다. **ஆடைகளை**(/아-다이카라이/)는 **ஆடை** + **கள்** + **ஐ** 가 결합한 것이다.

(2)번 문장에서 서술어의 어말어미가 **ஏன்**(/앤-/)으로 끝나있으므로 주어가 1인칭 단수명사 **நான்**(난-/)임을 알 수 있다.

(3)번 문장에서 서술어 **படுத்தான்**(/파둩탄-/)을 보면, 시제와 주어를 알 수 있다. 선어말어미가 **த்த்**(/ㄷㄷ/)를 보면 시제가 과거임을 알 수 있고, 어말어미 **ஆன்**(/안-/)을 보면 주어가 3인칭 단수 남성임을 알 수 있다.

(4)번, (5)번 문장에서도 서술어를 보면 시제와 주어를 알 수 있다.

2) 타밀어 단문 작문연습 9

다음 문장을 타밀어로 작문해 보십시오.

(1) 과일나무가 숲에서 자란다.

(2) 왜 너는 기느냐?

(3) 내가 겸손해져야 합니까?

(4) 그들은 근면해야 한다.

(5) 당신은 머리가 아프신가요, 아니면 배가 아프신가요?

어휘정리

பழ மரம் 과일나무
இருக்க 있는 것이
வயிற்றுவலி 복통
நான் 나는
நீங்கள் 여러분은
படர்கிறாய் 기다
இருக்கிறது (그것이) 있다
ஊக்கமுள்ள 근면한
அல்லது 아니면

காட்டில் 숲에서
தலைவலி 두통
நீ 너는
அவர்கள் 그들은
வளர்ச்சி 자라다
வேண்டும் 필요하다
எளிமையான 겸손한
ஏன் 왜

문법정리

(1)번부터 (5)번까지 모든 문장이 현재시제다.

(3)번 문장에서 **எளிமையாக**(/에리마이야카/)는 '겸손하게'란 뜻의 부사다. '있음/임'이란 뜻의 동사파생명사 **இருக்க**(/이룩카/)는 '이다/있다'라는 뜻의 동사 **இரு**(/이루/)의 명사형이다. 즉, '**எளிமையாக இருக்க**'는 '겸손함'이 된다.

(3)번, (4)번 문장의 서술어 **வேண்டும்**(/밴-둠/)은 '필요하다/해야한다'라는 뜻으로 자주 쓰이는 동사이므로 잘 알아두어야 한다. 특히 모든 인칭과 수에 따라 어미변화가 없다는 사실에 유의해야 한다.

(5)번 문장에서 역접접속사 **அல்லது**(/알라두/)를 알아야 문장을 완성할 수 있다. **வலி**(/바리/)는 '병증'이란 명사로 신체부위명사 뒤에 붙어서 쓰인다.

10. 현재시제

1) 타밀어 단문 독해연습 10

다음 문장을 해석해 보십시오.

(1) நல்ல பையன்கள் புத்தகத்தைப் படிக்கிறார்கள்.

(2) இப்போ வாசி .

(3) புத்தகத்தைத் துடை .

(4) எங்கே போகிறீர்கள்?

(5) கணக்கனும் வர்த்தகனும் எழுதுகிறரர்கள்.

어휘정리

பையன்கள் 어린이들
கணக்கனும் 회계사랑
கணக்கு 회계사
படிக்கிறார்கள் (그들이) 읽다
புத்தகத்தை 책을
வர்த்தகனும் 상인이랑
வணிக 상인
வாசி (소리내어) 읽다

துடை 닦다
எழுதுகிறார்கள் (그들이) 쓰다
நல்ல 멋진
எங்கே 어디로
போகிறீர்கள் (당신이) 가다
எழுது (3인칭 단수 중성주어가) 쓰다
இப்போ 지금
மற்றும் 그리고

문법정리

(1)번 문장에서 주어가 '-கள்(/갈/)'이 붙어서 복수형이기 때문에 서술어의 어말어미도 'ஆர்கள்(/알-갈/)'이 왔다. படி(/파디/)는 க்கிற்(/ㅋ키ㄹ/)형 동사이다.

(2)번, (3)번 문장은 명령문이다. 아랫사람에게 명령할 때는 동사원형으로 쓰면 된다.

(4)번 문장에서 서술어의 어말어미를 보면 2인칭 단수 존칭임을 알 수 있다. 어말어미가 ஈர்கள்(/일-갈/)로 끝나있기 때문이다.

(5)번 문장에는 순접 접속사가 있다. 2 개의 명사를 연속하여 쓸 때, 한국어의 '-랑, -랑'의 의미처럼 쓰이는 உம்(/움/)이 있다. 이 உம்(/움/)은 연속하는 2 개의 명사에 똑같이 결합한다. 타밀어에도 '그리고'란 의미의 낱말이 따로 있다. 바로 மற்றும்(/마트룸/)이 그것이다.

2) 타밀어 단문 작문연습 10

다음 문장을 타밀어로 작문해 보십시오.

(1) 그녀가 이것을 한다.

(2) 그들은 집에서 책을 공부한다.

(3) 우리는 초원에서 염소를 먹인다.

(4) 우리는 지금 집에 간다.

(5) 엄마가 아이를 좋은 상인의 집에 데려간다.

어휘정리

வீட்டில் 집에서
ஆட்டை 염소를
அம்மா엄마
வர்த்தகனுடைய 상인의
இதை 이것을
நாம் 우리는
செய்க்கிறாள் (그녀가)하다
போக்கிறோம் (우리가)간다
நல்ல 멋진/좋은
கொண்டு போகிறாள் (그녀가)데려가다
புத்தகத்தை 책을
வீட்டின் 집에
குழந்தையை 아이를
அவள் 그녀는
அவர்கள் 그들은
நாங்கள் 우리는
படிக்கிறார்கள் (그들이)공부한다
மேய்க்கிறோம் (우리가)먹이를 먹이다
இப்போ 지금

문법정리

(1)번 문장은 주어가 3인칭 단수 여성 அவள்(/아발/)이므로 서술어의 어말어미가 ஆள்(/알-/)이 왔다. செய்(/세이/)는 க்கிற்(/ㅋ키ㄹ/)형 동사이므로 செய்க்கிறாள்(/세잌키랄-/)이 되었다.

(2)번 문장에서 주어가 복수이므로 서술어의 어말어미도 복수형어미가 왔음을 알 수 있다. ம்(/ㅁ/)로 끝난 명사가 목적어로 쓰이면 ம்(/ㅁ/)이 탈락한 후 த்த்(/ㄷㄷ/)가 삽입된 후 목적격조사 ஐ(/아이/)가 결합한다.

(3)번 문장에서 டு(/두/)로 끝난 2음절 이하의 명사를 목적격으로 바꿀 때는 자음 ட்(/ㅌ/)를 중복한 후, 목적격조사 ஐ(/아이/)를 결합한다.

(4)번 문장에서 주어가 1인칭복수일 때는 서술어의 어미에 ஓம்(/옴-/)이 온다. 이 ஓம்(/옴-/)이 자음 ற்(/ㄹ/)와 결합하면 றோம்(/롬-/)이 된다.

11. 과거시제, 현재시제, 미래시제

1) 타밀어 단문 독해연습 11

다음 문장을 해석해 보십시오.

(1) மேய்ப்பனிடத்தில் ஆடு மேய்கிறது .

(2) எப்படி அழிந்தான் ?

(3) நாள் கழிந்தது.

(4) கணக்கன் இதைச் சரியாய் அறிவான் .

(5) காவற்காரர் அந்தப் பணத்தை அடைவார்கள் .

어휘정리

மேய்ப்பனிடத்தில் 목동이 있는 곳에서
ஆடு 염소
நாள் 날(하루)
கணக்கன் 회계사
காவற்காரர் 경비원
பணத்தை 돈을
இதை 이것을
மேய்கிறது (풀을) 뜯는다

அழிந்தான் (그가)사라졌다/갔다
அறிவான் (그가)알았다
அந்த 저
சரியாய் 올바르게
கழிந்தது (그것이) 지나갔다
அடைவார்கள் 획득했다
எப்படி 어떻게

문법정리

(1)번 문장에서 மேய்(/매-이/)는 '풀뜯다'라는 뜻의 자동사로 쓰였다. மேய்(/매-이/)가 자동사로 쓰이면 கிற்(/키ㄹ/)형 동사가 된다. 주어가 목동이므로 남/여 구분하지 않고 그냥 중성명사로 생각해서 서술어의 어말어미로 அது(/아두/)가 왔다.

(2)번 문장에서는 주어가 나타나있지 않지만, 서술어의 어말어미 ஆன்(/안-/)을 보고 주어가 3인칭 단수 남성임을 알 수 있다.

(3)번 문장에서 '가다'라는 뜻의 동사 கழி(/카리/)는 과거시제에서 ந்த்(/ㄴㄷ/)형 동사다. '하루'라는 뜻의 명사 நாள்(/날-/)이 3인칭단수 중성이므로 서술어의 어말어미로 அது(/아두/)가 왔다. 자음 த்(/ㄷ/)에 모음 அ(/아/)가 결합하면 த(/다/)가 된다.

2) 타밀어 단문 작문연습 11

다음 문장을 타밀어로 작문해 보십시오.

(1) 해가 졌다.

(2) 우리는 어제 집에서 있어야 했다.

(3) 그 좋은 소년은 이 수업(과)을 정확히 알고 있었다.

(4) 당신은 아이를 때리면 안된다.

(5) 그가 진흙탕에서 넘어졌다.

어휘정리

பகல் 낮
இருக்க 있는 것이
பாடம் 과/수업
அடித்த 때리는 것이
நாங்கள் 우리는
அவன் 그는
வேண்டும் 필요하다/해야 한다
கூடாது 하면 안된다
அந்த 저
இந்த 이
நேற்று 어제
வீட்டில் 집에서
பையன் 소년/어린이
குழந்தைகளை 어린이들/자녀들
சேற்றில் 진흙에
நீங்கள் 너는/당신은
கழிந்தது (그것이) 갔다/졌다
தெரிந்தது (그것이) 이해했다
விழுந்தான் (그가) 넘어졌다.
நல்ல 좋은/착한
சரியாய் 올바르게

문법정리

(1)번 문장에서 '넘어갔다/지나갔다'라는 뜻의 과거동사 **கழிந்தது**(/카린다두/)는 '지나가다/넘어가다'라는 뜻의 동사**கழிதல்**(/카리달/)의 어간 **கழி**(/카리/)와 과거시간을 나타내는 선어말어미 **ந்த்**(/ㄴㄷ/), 그리고 3인칭 단수 중성명사 주어에 호응하는 서술어의 어말어미 **அது**(/아두/)가 결합해서 된 낱말이다.

(3)번 문장에서 '올바르게/정확히'라는 뜻의 부사 **சரியாய்**(/사리야-이/)는 '정확함/올바름'이란 뜻의 명사 **சரி**(/사리/)에서 왔다. 타밀어에서는 명사에 접사 **ஆன**(/아-나/)를 붙여서 형용사를 만들고, 명사에 접사 **ஆய்**(/아-이/)를 붙여서 부사를 만든다. 따라서 **சரியான**(/사리아-나/)는 형용사가 되어 '올바른/정확한'이란 뜻이 되고, **சரியாய்**(/사리야-이/)는 '올바르게/정확하게'란 뜻의 부사가 된다.

12. 과거시제 불규칙 동사

1) 타밀어 단문 독해연습 12

다음 문장을 해석해 보십시오.

(1) மழை பெய்தது .

(2) இதைச் சரியாய்ச் செய்தேன்.

(3) புடவையை .நெய்தான் (புடவை)

(4) அவள் வேலைக் காரனை வைத்தார்.

(5) என்னை சொன்னார்கள்.

어휘정리

மழை 비
வேலை 일(업무)
இதை 이것을
என்னை 나를
புடவையை(புடவை) 여성옷
காரனை 보좌관을
அவள் 그녀
பெய்கிறது 내린다

செய்வேன் (나는) 할 것이다

நெய்தான் (그가) 짰다

சரியாய் 올바르게/똑바르게

வைத்தார்கள் (그분이) 혹사시켰다

வைக்கிறாள்(சொன்னார்கள்) (그녀가) 혹사시킨다

문법정리

பெய்(/페이/), செய்(/세이/), நெய்(/네이/), வை(/바이/)는 모두 과거시제에서 시간을 나타내는 선어말어미로 த்(/ㄷ/)만을 취하는 동사다. 보통 규칙적 동사가 과거시제에서 시간을 나타내는 선어말어미로 ந்த்/த்த் 중 하나를 취하는 것과는 달라서 불규칙이다.

(2)번, (3)번, (5)번 문장에는 주어가 나타나있지 않지만, 각 문장의 서술어의 어말어미를 보고 문장의 주어를 알 수 있다.

2) 타밀어 단문 작문연습 12

다음 문장을 타밀어로 작문해 보십시오.

(1) 내가 집에 들어갔다.

(2) 그녀는 가난 때문에 고통받았다.

(3) 그는 돈을 얻었다.

(4) 그는 일을 그만두었다.

(5) 내가 집을 지었다.

어휘정리

நான் 나는
வீட்டில் 집에
பணம் 돈
அவள் 그녀는
பட்டாள் (그녀가) 고통받았다
பெற்றான் (그가) 얻었다
வேலை 일
வறுமை 가난
அவன் 그는
பிரசிவத்து (내가) 들어갔다
அற்றான் (그가) 그만두었다

문법정리

(1)번에서 (5)번까지 모든 동사는 과거시제에서만 불규칙이다. (1)번 문장에서 '들어가다'라는 뜻의 동사 புகு(/푸쿠/)는 과거시제에서 க்(/ㅋ/)가 중복된다.

(2)번 문장에서 '고통받다'라는 뜻의 동사 படு(/파두/)는 과거시제에서 자음 ட்(/ㅌ/)가 중복된다.

(3)번 문장에서 '획득하다/얻다'라는 뜻의 동사 பெறு(/페루/)는 과거시제에서 자음 ற்(/ㄹ/)를 중복한다.

(4)번 문장에서 '그만두다'라는 뜻의 동사 அறு(/아루/)는 과거시제에서 자음 ற்(/ㄹ/)를 중복한다.

(5)번 문장에서 '짓다'라는 뜻의 동사 கட்டு(/칼투/)는 과거시제에서 இன்(/인/)이 삽입된다. 주어가 1인칭 단수이므로 서술어가 கட்டினேன்(/칼티낸-/)이 된다.

கட்டினேன் = கட்டு + இன் + ஏன்

13. 'அ(/아/)'로 끝나는 동사의 시제

1) 타밀어 단문 독해연습 13

다음 문장을 해석해 보십시오.

(1) கதவைத் திறக்க வேண்டும் .

(2) வேலைக்காரன் கதவைத் திறக்கிறான்?

(3) யார் ஆற்றைக் கடப்பார்கள் ?

(4) நீ எப்படி அந்த வீட்டைத் திறந்தாய் ?

(5) பையனேநீ இதை மறக் ,கவேண்டாம் .

어휘정리

கதவை 문을
வேலைக்காரன் 비서
வீட்டை 집을
யார் 어느 분이
திறக்க 여는 것이
ஆற்றை 강을
பையனே 소년아
நீ 너

இதை 이것을

திறக்கிறான் (그가) 열다

திறந்தாய் (네가) 열었다

அந்த 저

வேண்டும் 필요하다/해야한다

கடப்பார்கள் (그분이) 건너시다

மறக்கவேண்டாம் 잊어야 한다

எப்படி 어떻게

문법정리

திற(/티라/), கட(/카다/), மற(/마라/)는 모두 அ(/아/)로 끝나는 동사다. 이런 동사의 시제는 현재시제에서는 시간을 나타내는 선어말어미로 க்கிற்(/ㅋ키ㄹ/)를 취하고, 과거시제에서는 시간을 나타내는 선어말어미로 ந்த்(/ㄴㄷ/)를 취하고, 미래시제에서는 시간을 나타내는 선어말어미로 ப்ப்(/ㅍㅍ/)를 취한다. 그리고 부정사(不定詞)형으로 만들때는 어간에 க்க(/ㅋ카/)를 붙인다.

(1)번 문장에서 திறக்க(/티랔카/)는 '열다'라는 뜻의 동사 திற)/티라/)에 부정사형어미 க்க(/ㅋ카/)를 붙여서 '열기'란 뜻이 된 것이다.

2) 타밀어 단문 작문연습 13

다음 문장을 타밀어로 작문해 보십시오.

(1) 문을 열어라.

(2) 그녀는 강을 건넜다.

(3) 그는 물과 우유를 섞었다.

(4) 어린 아들이 예전에 배운 것을 잊었다.

(5) 나는 그 소를 잊었다.

어휘정리

கதவை 문을
தண்ணீர் 찬물
மகன் 아들
மாட்டை 소를
அவன் 그는
திற 열다
கலந்தான் (그가) 섞었다
மறந்தேன் (내가) 잊었다
கற்ற 배운
முன் 전에/앞에
ஆற்றை 강을
பால் 우유
பாடம் 과/수업
அவள் 그녀는
நான் 나는
கடந்தாள் (그녀가) 건넜다
மறந்தது (그것이) 잊었다
சிறிய 작은
அந்த 그
மற்றும் 그리고

문법정리

(2)번 문장에서 '강'이란 뜻의 명사 ஆறு(/아-루/)의 목적격이 불규칙이므로 잘 알아둬야 한다.
(3)번, (4)번 문장에서는 목적어에 목적격조사를 붙이지 않았다. 타밀어 문장에서 목적어가 일반적인 것일 때는 목적격조사를 붙이지 않아도 된다. 그러나 구체적으로 한정되어 있는 경우에는 꼭 목적격조사를 붙여야 한다.
கற்றல்(/카트랄/)은 '공부'란 뜻의 명사고, கற்றவன்(/카트라반/)은 '배운 사람/식자'라는 뜻의 명사다. 여기서 கற்றவன்(/카트라반/)에서 남성명사 접미사 வன்(/반/)을 빼면 '배운'이란 뜻의 형용사 கற்ற(/카트라/)가 된다.

14. 미래시제 – 주어가 3인칭 단수 중성명사일 경우

1) 타밀어 단문 독해연습 14

다음 문장을 해석해 보십시오.

(1) அந்த மாடு என்ன செய்யும் ?

(2) அது எப்படி ஆகும் ?

(3) மரம் ஊரிலே இருக்குமா?

(4) இல்லை .காட்டிலே இருக்கும் ,

(5) மாடுகளும் ஆடுகளும் அந்தக் காட்டிலே மேய்யும் .

어휘정리

மாடு 소
காட்டிலே 숲속에
ஆடுகளும் 양들이랑
அது 이것
மரம் 나무
மாடுகளும் 소들이랑
என்ன 무엇
செய்யும் (단수사물이) 할 것이다

ஆகும் (단수사물이) 될 것이다
இருக்கும் (단수사물이) 있을 것이다
அந்த 저
உள்ளிலே 안에
இருக்குமா (단수사물이) 있을 것인가?
மேய்யும் (단수사물이) 풀을 뜯들 것이다
எப்படி 어떻게
இல்லை 아니

문법정리

미래시제에서 주어가 3인칭 단수 중성명사가 올 경우는 다른 모든 미래시제와 다르게 시제가 구성된다. 동사가 **கிறு**(/키루/)형일 때는 동사의 부정사(不定詞)형에 바로 어말어미 **உம்**(/움/)이 오고, 동사가 **க்கிறு**(/ㅋ키루/)형일 때는 동사의 부정사(不定詞)형에 어말어미 **க்கும்**(/ㅋ쿰/)이 온다.

(1)번 문장에서 **செய்யும்**(/세이윰/)은 '하다'라는 뜻의 동사 **செய்**(/세이/)의 부정사(不定詞)형 **செய்ய**(/세이야/)에 어말어미 **உம்**(/움/)이 결합한 것이다.

(4)번 문장에서 **இருக்கும்**(/이룩쿰/)은 '있다'라는 뜻의 동사 **இரு**(/이루/)의 부정사(不定詞)형 **இருக்க**(/이룩카/)에 어말어미 **உம்**(/움/)이 결합한 것이다.

2) 타밀어 단문 작문연습 14

다음 문장을 타밀어로 작문해 보십시오.

(1) 그것이 어떻게 해야 할까?

(2) 그 소년은 무엇을 공부할까?

(3) 그 양이 올 것이다.

(4) 그가 그 글자 알까?

(5) 그 꽃이 언제 자랄까?

어휘정리

செய்ய 하는 것이

ஆடு 양

பூ 꽃

என்ன 무엇

வேண்டும் 필요하다

வரும் (그것이) 올 것이다

வளரும் (그것이) 자랄 것이다

எப்படி 어떻게

பையன் 소년

கடிதம்(கடிதத்தை) 글자(글자를)

அது 그것

அவர் 그분

படிப்பான் (그가) 공부할 것이다

தெரியும் (그것이) 이해할 것이다

அந்த 그

எப்போது 언제

문법정리

(1)번 문장에서 **வேண்டும்**(/밴-둠/)은 '원하다/필요하다'라는 뜻의 동사 **வேண்டு**(/밴-두/)에 어말어미 **உம்**(/움/)이 결합한 것이다. 그런데 이 **வேண்டும்**(/밴-둠/)은 이 자체로 '해야한다'라는 조동사 역할도 한다. 다시 말해서, 이 조동사 앞에 일반동사의 부정사(不定詞)가 오면 그 일반동사의 동작이나 상태가 '되어야 한다/행해져야 한다'라는 뜻이 되는 것이다.

(2)번 문장에서 **பையன்**(/파이얀/)은 남성명사로 보았기 때문에 서술어의 어말어미에 **ஆன்**(/안-/)이 왔다.

(3)번 문장에서 **ஆடு**(/아-두/)가 3인칭 단수 중성명사(단수사물)이므로 '오다'라는 뜻의 동사 **வா**(/와-/)의 부정사형 **வர**(/와라/)에 어말어미 **உம்**(/움/)이 결합한 형태의 동사 **வரும்**(/와룸/)이 왔다.

15. 'டு(/두/)', 'கு(/쿠/)', 'று(/루/)'로 끝나는 동사의 시제

1) 타밀어 단문 독해연습 15

다음 문장을 해석해 보십시오.

(1) என்னை அப்பொழுது காட்டிலே விட்டான் .

(2) என்னை நீர் விடவேண்டாம் .

(3) வேலைக்காரருக்குச் சோறு போட்டார்களா ?

(4) இப்படிக் கட்டளை இட்டார் .

(5) எனக்கு இதைக் கட்டளை இடவேண்டும் .

어휘정리

காட்டிலே 숲속에
சோறு 밥
என்னை 나를
எனக்கு 나에게
வேலைக்காரருக்கு 비서에게
கட்டளை 명령을
நீர் 당신은
இதை 이것을

விட்டான் (그가) 남겨두었다
போட்டார்களா (그분이) 넣으셨다
இடவேண்டும் 주는 것이 필요하다
இப்படி 이런 식으로
விடவேண்டாம் 주는 것이 필요했다
இட்டார் (그분이) 하달했다
அப்பொழுது 그때

문법정리

'남겨두다'라는 뜻의 동사 விடு(/비두/), '이다/있다'라는 뜻의 동사 இரு(/이루/), '두다'라는 뜻의 동사 போடு(/포-두/), '사다'라는 뜻의 동사 வாங்கு(/반-쿠/), '그만두다'라는 뜻의 동사 அறு(/아루/)와 같은 동사들은 현재시제에서는 கிற்(/키ㄹ/)형 동사가 되고, 과거시제에서는 각 동사의 마지막 자음을 중복한 후 어말어미를 붙이고, 미래시제에서는 வ்형 동사가 된다.

(1)번 문장에서 주어가 3인칭 단수 남성임을 서술어의 어미를 보고 알 수 있다. விடு(/비두/)의 과거시제는 자음 ட்(/ㅌ/)를 중복하여 விட்ட்(/비ㅌㅌ/)를 만든 다음, 주어에 맞는 어말어미 ஆன்(/안-/)를 결합한다. 그러면 விட்டான்(/빋탄-/)이 된다. 다른 동사도 같은 원리로 하면 된다.

2) 타밀어 단문 작문연습 15

다음 문장을 타밀어로 작문해 보십시오.

(1) 그가 너에게 무엇을 주어야 하니?

(2) 왜 그들은 나무를 거기에 심니?

(3) 왜 사람들이 도시를 떠났니?

(4) 누가 여기서 고통받았나요?

(5) 그녀가 어디에 나무를 심었니?

어휘정리

கொடுக்க 주는 것이
மக்கள் 사람들
மரத்தை 나무를
உனக்கு 너에게
அவர்கள் 그들은
அவள் 그녀는
நடுகிறீர்கள் (그분들이) 심다
பாதிக்கப்பட்டார் (그들이) 고통받았다
ஏன் 왜
இங்கே 여기에
மரங்கள் 나무들
நகரத்தை 도시를
அவன் 그는
என்ன 무엇을
யார் 누가/어느 분이
வேண்டும் 필요하다/해야한다
விட்டார்கள் (그분들이) 떠났다
நட்டாள் (그녀가) 심었다
அங்கே 거기에
எங்கே 어디에

문법정리

(3)번 문장에서 주어가 3인칭 복수이므로 서술어의 어미에 ஆர்கள்(/알-갈/)이 왔다. '도시'를 뜻하는 명사 நகரம்(/나가람/)이 목적어가 되면 நகரத்தை(/나가랃타이/)가 된다. மரம்(/마람/)처럼 자음 ம்(/ㅁ/)로 끝난 명사이기 때문이다.

(5)번 문장에서 주어가 3인칭 단수 여성이므로 서술어의 어말어미가 ஆள்(/알-/)이 왔다. '심다'라는 뜻의 동사 நடு(/나두/)에서 டு(/두/)의 모음 உ(/우/)가 탈락하고, 자음 ட்(/ㅌ/)가 중복하여 நட்ட்(/나ㅌㅌ/)가 된다. 여기에 어말어미가 결합하여 '그녀가 심었다'라는 뜻의 서술어 நட்டாள்(/낱탈-/)이 된 것이다. 이 문장의 목적어인 மரம்(/마람/)을 일반적으로 보면 목적격조사를 안 붙여도 맞고, 구체적인 것으로 보면 목적격조사를 붙여야 맞다. 그래서 2가지를 모두 병기했다.

16. 비규칙적 동사의 시제

1) 타밀어 단문 독해연습 16

다음 문장을 해석해 보십시오.

(1) இப்பொழுது தருவேன் .

(2) என் பசுவைக் காட்டிலே பார்த்தாயா?

(3) தாயும் பிள்ளையும் இப்போ வருவார்கள் .

(4) நீங்கள் எதை அவனிடத்திலே கேட்கிறீர்கள் .

(5) வார்த்தகனிடத்தில் என்ன வாங்கிறாய் ?

어휘정리

பசுவை 소를
காட்டிலே 숲속에서
தாயும் 엄마랑
பிள்ளையும் 아이랑
அவனிடத்திலே 그에게
வார்த்தகனிடத்தில் 상인측에
என் 나의
நீங்கள் 당신은/선생님은

என்னத்தை 나를
தருவேன் (나는) 줄 것이다
வருவார்கள் (그들은) 올 것이다
வாங்குகிறாய் (너는) 사다
என்ன 무엇을 지금
பார்த்தாய் (너는) 보았다
கேட்கிறீர்கள் (그들은) 복종시킨다
இப்பொழுது(இப்போ) 지금

문법정리

(1)번, (5)번 문장에는 주어가 없으나 각 문장의 서술어를 보면 주어를 알 수 있다. (1)번 문장에서 '주다'라는 뜻의 동사 **தரு**(/타루/)는 현재시제에서는 시간을 나타내는 선어말어미로 **கிற்**(/키ㄹ/)가 오고, 과거시제에서는 시간을 나타내는 선어말어미로 **ந்த்**(/ㄴㄷ/)이 오고, 미래시제에서는 **வ்**(/ㅂ/)가 온다. 인칭을 나타내는 어말어미에 **ஏன்(ே◌ன்=)**(/앤-/)이 와 있으므로 주어가 1인칭 단수임을 알 수 있다.

(3)번 문장에서 '오다'라는 뜻의 동사 **வரு**(/와루/)는 동사 **தரு**(/타루/)와 똑 같은 시제변화를 겪는다. (2)번 문장에서 '보다'라는 뜻의 동사 **பார்**(/팔-/)은 현재시제에서는 **க்கிற்**(/ㅋ키ㄹ/)를, 과거시제에서는 **த்த்**(/ㄷㄷ/)를, 미래시제에서는 **ப்ப்**(/ㅍㅍ/)를 취한다.

(4)번 문장에서 '듣다/복종하다'라는 뜻의 동사 **கேள்**(/캘-/)은 현재시제에서 **ட்கிற்**(/ㅌ키ㄹ/), 과거시제에서 **ட்ட்**(/ㅌㅌ/), 미래시제에서 **ட்ப்**(/ㅌㅍ/)을 취한다.

2) 타밀어 단문 작문연습 16

다음 문장을 타밀어로 작문해 보십시오.

(1) 누가 거기에 오나요?

(2) 누가 너에게 이것을 주었니?

(3) 그 과를 이야기 하지 마라.

(4) 그 차는 이곳에 멈춰야 한다.

(5) 우리는 경비원과 함께 그 집으로 들어갈 것이다.

어휘정리

பாடம(பாடத்தை) 과(과를)
கார் 차
காவலாளியிடம் 경비원과 함께
எவன் 어느 남자가
இதை 이것을
வருவான் (그가) 올 것이다
வேண்டாம் 필요하지 않다
அந்த 그
இங்கே 여기에
சொல்ல 말하는 것
நிறுத்த 서는 것
வீட்டில் 집으로
உனக்கு 너에게
நாம் 우리는
கொன்னான் (그가) 주었다
வேண்டும் 필요하다
அங்கே 거기에

문법정리

(1)번, (2)번 문장에서 **எவன்**(/에반/)은 '어떤 사람/어느 남자'라는 뜻이다. '누가/어느 분이'라고 말하고 싶을 때는 **யார்**(/얄-/)이라고 써도 된다.

(3)번 문장에서 '-하지 마라/-하는 것이 필요하지 않다'라고 말할 때는 **வேண்டாம்**(/밴-담-/)이라는 조동사를 사용한다. 앞에 '말하기'란 뜻의 부정사(不定詞) **சொல்ல**(/솔라/)가 본동사 역할을 한다.

(4)번 문장에서 '멈추다'라는 뜻의 동사 **நிறுத்து**(/니룯투/)의 부정사(不定詞)형이 **நிறுத்த**(/니룯타/)이다.

(5)번 문장에서 주어가 1인칭 복수이므로 서술어의 어말어미가 **ஓம்**(/옴-/)으로 끝나야 한다.

17. 부정문(否定文)

1) 타밀어 단문 독해연습 17

다음 문장을 해석해 보십시오.

(1) காட்டிலே மரங்கள் உண்டு .

(2) ஆற்றிலே சேறு உண்டு .

(3) தாய் வீட்டிலே இல்லை .

(4) அவள் என்னுடைய தாய் அல்ல .

(5) ஆடுகளுக்கு மேய்ப்பன் இல்லை .

어휘정리

காட்டிலே 숲속에
ஆற்றிலே 강에
தாய் 엄마
ஆடுகளுக்கு 염소에게
மரங்கள் 나무들
சேறு 진흙
வீட்டிலே 집에
மேய்ப்பன் 목동

அவள் 그녀는

உண்டு 있다

அல்ல (술어가) 아니다/없다

என்னுடைய 나의

இல்லை (주어가) 아니다/없다

문법정리

(3)번, (5)번에서 இல்லை(/일라이/)는 '없다/아니다'라는 의미다. 만약 '있지 않다'라고 굳이 표현하고 싶다면, இரவில்லை(/이라빌라이/)라고 쓰면 된다. 말 그대로 하면 '있는 것이 아니다'가 된다.

(4)번 문장에서 அல்ல(/알라/)는 '주어가 무엇이 아니다'라고 표현하고자 할 때 사용된다. '그는 나의 아빠가 아니다'라는 문장에서처럼 말이다.

(5)번 문장에서 주어는 목동이므로 부정어가 இல்லை(/일라이/)가 왔다.

(3)번 문장에서 '집에'라는 뜻의 처소격명사 வீட்டிலே(/빌-티래-/)는 வீட்டில்(/빌-틸/)로 써도 된다. 강조하고자 할 때 모음 ஏ(/래-/)가 추가된다.

2) 타밀어 단문 작문연습 17

다음 문장을 타밀어로 작문해 보십시오.

(1) 여기에 좋은 의사가 있다.

(2) 그 숲속에 소 한마리가 있다.

(3) 그는 어린 소년이 아니다.

(4) 그것이 여기에 있다.

(5) 그것은 거기에 있어야 한다.

어휘정리

வைத்தியன் 의사
பசு 소
இருக்க 있는 것이
அது 그것은
ஆல்ல 아니다/없다
வேண்டும் 필요하다
அந்த 그
சின்ன 어린
அங்கே 거기에
காட்டில் 숲속에
பையன் 소년
அவன் 그는
உண்டு 있다/있네
இருகிறது (단수사물이) 있다
நல்ல 멋진/좋은
ஒரு 하나의
இங்கே 여기에

문법정리

(1)번, (2)번 문장에서 '있다'라는 뜻의 동사 **உண்டு**(/운두/)는 '이다/있다'라는 뜻의 동사 **இரு**(/이루/)로 바꿔써도 좋다. **உண்டு**(/운두/) 다음에 선어말어미와 어말어미가 생략되어 있다고 보면 된다.

(4)번 문장에서 주어가 3인칭 단수 중성이므로 서술어의 어말어미로 **அது**(/아두/)가 왔다.

(5)번 문장에서 '있는 것/있기'란 뜻의 부정사(不定詞) **இருக்க**(/이룩카/)는 '있다'라는 동사 **இரு**(/이루/)에 부정사(不定詞)형 어미 **க்க**(/ㅋ카/)가 붙어서 된 것이다.

வேண்டும்(/밴-둠/)은 항상 동사의 부정사(不定詞)형과만 쓰이고, 주어의 인칭과 수에 따라 어미변화를 하지 않는다.

18. 명령법

1) 타밀어 단문 독해연습 18

다음 문장을 해석해 보십시오.

(1) அங்கே போ .

(2) இங்கே வா.

(3) அங்கே நில்லு .

(4) வீட்டிலே மாட்டை நிறுத்து .

(5) வர்த்தகனுடைய குமாரனுக்குக் கொடுங்கள் .

어휘정리

வீட்டிலே 집에
வர்த்தகனுடைய 상인의
போ 가다
நில்லு 서다
மாட்டை 황소를
குமாரனுக்கு 아들에게
வா 오다
நிறுத்து 세우다

கொடுங்கள் 주세요　　அங்கே 저기로

இங்கே 이리로

문법정리

타밀어에서 명령문을 만들 때는 동사를 원형으로 쓰면 된다.

(3)번 문장에서 동사 **நில்லு**(/닐루/)는 '서다'라는 뜻이다. '무엇이 서 있다'라는 뜻으로도 쓰고, 가다가 '무엇이 서다'라는 뜻으로도 쓴다.

(4)번 문장에서 동사 **நிறுத்து**(/니룯투/)는 '무엇을 세우다/ 무엇을 멈추게 하다'라는 뜻으로 쓴다.

(5)번 문장에서 동사 **கொடுங்கள்**(/코둔갈/)은 '주세요'라는 뜻이다. 어미에 존칭을 나타내는 어미 **ங்கள்**(/ㄴ갈/)이 붙어서 '-해 주세요'라는 뜻이 된다.

일반 명령문에 존칭의 의미를 담으려면, 동사원형에 **உங்கள்**(/운갈/)을 붙이면 된다. 다만 동사가 **உ**(/우/)나 **அ**(/아/)로 끝났을 때는 **ங்கள்**(/ㄴ갈/)를 붙인다. 동사 **கொடு**(/코두/)는 **உ**(/우/)로 끝났기 때문에 **ங்கள்**(/ㄴ갈/)을 붙인 것이다.

2) 타밀어 단문 작문연습 18

아래 문장을 타밀어로 작문해 보십시오.

(1) 어린 아이를 이곳으로 데려와.

(2) 의사의 소를 저곳으로 데려가.

(3) 강으로 가.

(4) 집으로 가.

(5) 진흙에서 이것을 들어 올려.

어휘정리

பிள்ளையை 아이를
மாட்டை 소를
வீட்டில் 집으로
இதை 이것을
எடுத்து செல்ல 가지고 가다
சென்று 가다
இங்கே 여기로
வைத்தியனுடைய 의사의
ஆற்றில் 강으로
சேறிலிருந்து 진흙에서
கொண்டு வா 데리고 오다
போ 가다
எடு 들어올리다
அங்கே 거기로

문법정리

(1)번 문장에서 '어린이/아이'란 뜻의 명사 **பிள்ளை**(/필라이/)는 모음 **ஐ**(/아이/)로 끝난 명사이기 때문에 목적어를 만들 때 **யை**(/야이/)를 붙인다. 그래서 **பிள்ளையை**(/필라이야이/)가 된다.
(3)번 문장에서 '강으로'란 뜻의 명사 **ஆற்றில்**(/아-트릴/)은 '강'이란 뜻의 명사 **ஆறு**(/아-루/)에 처소격조사 **இல்**(/일/)이 붙어서 된 낱말이다. 이 때 **ற்**(/ㄹ/)가 중복된다는 사실에 유의해야 한다.
(5)번 문장에서 '진흙으로부터'란 뜻의 명사 **சேறிலிருந்து**(/새-리리룬두/)는 '진흙'이란 뜻이 명사 **சேறு**(/새-루/)에 '-로부터'란 탈격조사 **இருந்து**(/이룬두/)가 결합하여 된 낱말이다.

19. 지시어

1) 타밀어 단문 독해연습 19

다음 문장을 해석해 보십시오.

(1) எங்கே கணக்கனுடைய அப்பா?

(2) இந்த அக்கா எங்கே?

(3) அங்கே பெரிய பசு மேய்கிறது .

(4) வைத்தியனுடைய பதிய கார் எது?

(5) சின்னப் பையன் இந்தப் புத்தகத்தைப் படித்தான் .

어휘정리

கணக்கனுடைய 회계사의
அக்கா 누나
பசு 소
கார் 차
அப்பா 아빠
பையன் 어린이
வைத்தியனுடைய 의사의
புத்தகத்தைப் 책을

மேய் 풀 뜯다

அந்த 그

இந்த 이

எங்கே 어디에

அங்கே 거기에

படி 읽다/배우다

பெரிய 큰/멋진

சின்ன 어린

இங்கே 여기에

문법정리

(1)번 문장에는 '이다/있다'라는 동사 **இரு**(/이루/)가 생략되어 있다.

(2)번 문장에도 역시 동사가 생략되어 있으나 정확히 어떤 동사가 생략되어 있다고 말하기는 어렵다. 만약 '오다'라는 뜻의 동사 **வரு**(/와루/)가 생략되어 있다고 가정한다면, **வந்தாள்**(/반달-/)이 들어가면 된다.

(4)번 문장에서 '차'를 의미하는 **கார்**(/칼-/)은 영어의 'Car'를 타밀어로 옮긴 것이다.

2) 타밀어 단문 작문연습 19

다음 문장을 타밀어로 작문해 보십시오.

(1) 그녀는 그 때 그녀의 딸과 함께 사라졌다.

(2) 그녀가 언제 공부할 거지?

(3) 아이는 지금 공부할 것이다.

(4) 착한 목동이 지금 소를 먹일 것이다.

(5) 그녀의 책이 어느 것이지?

어휘정리

மகளுடன் 딸과 함께
மேய்ப்பான் 목동
புத்தகம் 책
அவளுடைய 그녀의
அழி 사라지다
மேய் 풀 뜯기다
அப்பொழுது 그때
பையன் 어린이
மாட்டை 황소를
அவள் 그녀
எது 어느 것
படி 읽다/배우다
நல்ல 멋진/좋은
எப்பொழுது 언제

문법정리

이번 작문연습에는 시간부사어가 여러가지 나온다. 이런 시간부사어에도 지시부사어의 어미가 들어가 있다는 사실을 알아야 한다.

(1)번 문장에 '그 때'를 의미하는 **அப்பொழுது**(/앞포루두/), (3)번 문장에 '언제'를 의미하는 **எப்பொழுது**(/엪포루두/), (4)번에 '지금'을 의미하는 **இப்பொழுதது**(/잎포루다두/)는 그 낱말 맨 앞에 '지시'를 나타내는 접두모음 **அ**(/아/), **எ**(/에/), **இ**(/이/)가 붙어있다.

(5)번에서 '어느 것'을 의미하는 대명사 **எது**(/에두/)가 들어가 있다.

20. 부사와 부정사(不定詞)

1) 타밀어 단문 독해연습 20

다음 문장을 해석해 보십시오.

(1) பையன் படிக்க வேண்டும்.

(2) எனக்கு இப்போ வேண்டும் .

(3) இப்போழுதே சொய்ய வேண்டும் .

(4) செம்மையாய் உச்சரிக்க வேண்டும் .

(5) இந்தப் பாடம் எனக்குத் தொரியும் .

어휘정리

பையன் 어린이

படிக்க 공부하는 것이/읽는 것이

சொய்ய 하는 것이

உச்சரிக்க발음하는 것이

பாடம் 과/장

எனக்கு 나에게

வேண்டும் 필요하다

தொரியும் 이해되다

இந்த 이것은

இப்போ 지금

செம்மையாய் 정확하게

문법정리

(1)번 문장에서 '읽기/읽는 것'이라는 뜻의 부정사(不定詞) **படிக்க**(/파딕카/)는 '읽다/배우다'라는 뜻의 동사 **படி**(/파디/)에 부정사(不定詞)형 어미 **க்க**(/ㅋ카/)를 붙여서 만든 낱말이다.
(2)번 문장에는 목적어가 빠져있다.
(3)번 문장에는 '발음하기'란 뜻의 부정사(不定詞) **உச்சரிக்க**(/웇차릭카/)가 들어있다.
(4)번 문장에는 '정확하게'란 뜻의 부사 **செம்மையாய்**(/셈마이야-이/)라는 낱말이 있다. 이 낱말은 '정확함'이란 뜻의 명사 **செம்மை**(/셈마이/)에 부사형 어미 **ஆய்**(=**யாய்**/아이/)가 붙어서 된 것이다.

2) 타밀어 단문 작문연습 20

다음 문장을 타밀어로 작문해 보십시오.

(1) 그것을 올바르게 해라.

(2) 너는 그것을 올바르게 해야한다.

(3) 어린 소년이 이 과를 공부한다.

(4) 그는 이 과를 이해하지 못한다.

(5) 이것은 해져야 한다.

어휘정리

செய்ய 하는 것이
பாடம் 과/수업
நீ 너는
இதை 이것을
வேண்டும் 필요하다/-해야한다
புரியவில்லை 이해하지 못한다
இந்த 이
பையன் 소년
அதை 그것을
அவன் 그는
செய் 하다
படிக்கிறது (그것이) 공부하다
சின்ன 어린/작은
சரியாக 올바르게

문법정리

(1)번, (2)번 문장에서 '올바르게/똑바로'란 의미의 부사 சரியாக(/사리아-카/)는 '올바름'이라는 뜻의 명사 சரி(/사리/)에 부사형어미 ஆக(=யாக/아-카/)를 붙인 것이다.

(4)번 문장에서 '이해하지 못한다/받아들이지 않는다'라는 뜻의 서술어 புரியவில்லை(/푸리야빌라이/)는 '이해하다/받아들이다'라는 뜻의 동사 புரிதல்(/푸리달/)의 어간 புரி(/푸리/)에 ய(/아/)와 வ்(/ㅂ/)가 조음상 삽입되고, 마지막으로 부정을 나타내는 접미어 இல்லை(/일라이/)가 결합한 것이다.

(5)번 문장에는 '하기/하는 것'이란 의미의 부정사(不定詞) செய்ய(/세이아/)가 들어가 있다.

제4부
생활회화

தமிழ் அறிமுகம்

1. 기초생활회화

1) 인사하기 1

안녕(하세요)? / 잘 지내니?

친구1: **வணக்கம்** 안녕(하세요)?
(/바낙캄/).

친구2: **வணக்கம்** 안녕(하세요)?
(/바낙캄/).

친구1: **எப்படி இருக்கீங்க** ?어떻게 지내니?
(엡파디 이룩킨-카?)

친구2: **நான் நல்லா இருக்கேன்,** 난 잘 지내.
(난-날라-이룩캔-.)

நீங்க எப்படி இருக்கீங்க ?너는 어떻게 지내?
(닌-카 엡파디 이룩킨-카?)

설명

친구나 지인을 만났을 때, 가장 편하게 아무 때나 쓸 수 있는 인사표현이다.

핵심어휘

வணக்கம்(/바낙캄/): 원래 '존경', '경의', '모심' 이라는 뜻의 명사다.

எப்படி(/엡파디/): 부사로 '어떻게'라는 뜻이다.

இருக்கீங்க(/이룩킨-카/): இருக்கிறய்(/이룩키라이/)라고 써야 하나 편하게 이렇게 쓴다.

நல்லா(/날라-/): '좋은, 멋진'의 뜻의 명사를 수식하는 형용사다. 그런데 형용사 நல்ல(/날라/)에 모음 ஆ(/아-/)를 붙여서 '좋게/잘'이란 뜻의 부사 நல்லா(/날라-/)가 되었다.

இருக்கேன்(/이룩캔-/): இருக்கின்றேன்(/이룩킨드랜-/)으로 써야 한다. 그런데 여기서는 동사 இரு(/이루/)에 க்கின்ற்(/ㅋ킨ㄹ/)가 붙고 1인칭 단수를 나타내는 어말어미 ஏன்(/앤-/)이 덧붙은 것이다.

2) 인사하기 2

안녕하십니까? / 잘 지내셨는지요?

사람1: **வணக்கம்** 안녕하세요?
(/바낙캄/).

நீங்கள் எப்படி இருக்கிறீர்கள்? 선생님, 어떻게 지내시는지요?
(/닌-갈 엡파디 이룩키릴-갈/) ?

사람2: **நான் நலமாக இருக்கிறேன்.** 나는 잘 지냅니다.
(/난- 나라마-가 이룩키랜-/).

நீங்கள் எப்படி இருக்கிறீர்கள். 선생님, 어떻게 지내시는지요?
(/닌-갈 엡파디 이룩키릴-갈/) ?

설명

만났을 때, 서로가 격식을 차려 존대를 해야할 때 쓰는 표현이다. 처음 만나거나 공식적인 자리에서 나눌 수 있는 표현이다.

핵심어휘

நீங்கள்(/닌-갈/): **நீ**(/니-/)의 존칭형이다. **ங்**(/ㄴ/)는 조음상 삽입된 것이고, 존경을 나타내는 어미 **கள்**(/갈/)이 붙은 것이다. 그래서 '너'라는 뜻에서 '선생님'이란 뜻이 된다.

இருக்கிறீர்கள்(/이룩키릴-갈/): 동사원형 **இரு**(/이루/)에 시간을 나타내는 선어말어미 **க்கிற்**(/ㅋ키ㄹ/)가 붙고, 존경을 나타내는 어말어미 **ஈர்கள்**(/일-갈/)이 결합한 것이다.

நலமாக(/나라마-카/): '기쁨'이라는 뜻의 명사 **நலம்**(/나람/)에 부사형어미 **ஆக**(/아-카/)가 붙어서 '기쁘게/행복하게'라는 뜻의 부사어가 되었다.

3) 인사하기 3

건강 하신가요?

사람1: **உங்கள் உடல் நலம் எப்படி உள்ளது ?** 네 몸 건강은 어때?
(운갈 우달 나람 엡파디 울라두?)

사람2: **நன்றாக உள்ளது.** 평안하게 좋아.
(난라-카 울라두).

설명

건강을 소재로 하는 인사표현이다.

핵심어휘

உங்கள்(/운갈/): '너의'라는 뜻의 2인칭 단수 소유격 대명사 **உன்**(/운/)에서 자음 **ன்**(/ㄴ/)이 탈락하고, 대신 **ங்**(/ㄴ/)가 삽인된 후 존칭을 타나내는 접미사 **கள்**(/갈/)이 결합한 것이다.

உடல்(/우달/): '신체'라는 뜻의 명사다.

நலம்(/나람/): '기쁨/유쾌'라는 뜻이 명사다.

உள்ளது(/울라두/): '별일 없다'라는 뜻의 동사다.

நன்றாக(/난라-카/): '최상/행복'이란 뜻의 명사 **நன்று**(/난드루/)에 부사형 접미사 **ஆக**(/아-카/)가 붙어서 '최고로/평안하게'라는 뜻의 부사가 되었다.

4) 인사하기 4

일은 잘 되어가는지요?

사람1: உங்கள் வேலை எப்படி போகிறது ?너의 일은 어떻게 되가지?
(운갈 배-라이 엡파디 포-기라두?)

사람2: நன்றாக போகிறது. 잘 되가.
(난라-카 포-기라두)

설명

일을 소재로 삼아 하는 인사표현이다.

핵심어휘

வேலை(/배-라이/): '일'이란 뜻의 명사다.
போகிறது(/포-기라두/): '가다'라는 뜻이 동사 போ(/포-/)에 시간을 나타내는 선어말 어미 கிறு(/기루/)가 붙고, 마지막으로 3인칭 단수 중성명사 주어에 맞는 어말어미 அது(/아두/)가 붙어서 된 것이다.

5) 이름 묻기 1

동년배 사이

친구1: **உன் பெயர் என்ன?** 너의 이름이 무엇이니?
(운 페얄 엔나)?

친구2: **என் பெயர் கிமுன்** .내 이름은 기문이야.
(엔 페얄 기문).

설명

같은 나이나 같은 또래 사이에서 이름을 묻고 답할 때 할 수 있는 표현이다. 묻는 사람과 대답하는 사람이 모두 그냥 소유격대명사 **உன்**(/운/)과 **என்**(/엔/)을 사용하고 있다.

핵심어휘

உன்(/운/): **உன்**(/운/)은 '너의' 라는 뜻으로 **நீ**(/니-/)의 소유격이다. ,

என்(/엔/): '나의'라는 뜻으로 주격 **நான்**(/난-/)의 소유격이다.

பெயர்(/페얄/): '이름'이란 뜻의 명사다.

என்ன(/엔나/): '무엇'을 뜻하는 의문대명사이다.

6) 이름 묻기 2

아랫사람과 윗사람 사이

아랫사람: **உங்கள் பெயர் என்ன?** 선생님의 성함이 어떻게 되십니까?
(운갈 페얄 엔나)?

윗 사 람: **என் பெயர் கிமுன்** 내 이름은 기문이다.
(엔 페얄 기문).

설명

아랫사람과 윗사람 사이에 이름을 묻고 답하는 표현이다. 묻는 사람이 아랫사람이기 때문에 존칭을 넣어서 질문하고 있다. 반면에 대답하는 사람이 윗사람이기 때문에 존칭을 빼고 그냥 소유격으로 대답하고 있다.

핵심어휘

உங்கள்(/운갈/): '-**கள்**(/갈/)' 은 존경을 나타낼 때도 쓰고, 복수형을 나타낼 때도 사용한다.

என்(/엔/): '나의'란 뜻이다.

7) 이름 묻기 3

윗사람과 아랫사람 사이

윗 사 람: **உன் பெயர் என்ன?** 너의 이름이 무엇이니?
(운 페얄 엔나)?

아랫사람: **என்னுடைய பெயர் கிமுன்** .제 이름은 기문입니다.
(엔누다이야 페얄 기문).

설명

윗사람과 아랫사람 사이에 이름을 묻고 답하는 표현이다. 윗사람은 소유격대명사 **உன்**(/운/)을 사용하고, 아랫사람은 **என்னுடைய**(/엔누다이아/)를 사용하는 것을 보면 알 수 있다.

핵심어휘

என்னுடைய(/엔누다이아/): 1인칭 단수 대명사 **நான்**(/난-/)의 소유격 **என்**(/엔/)에 '-의'라는 의미를 가진 소유격조사 **உடைய**(/우다이아/)를 붙인 것이다. **னு**(누)는 **ன்**(ㄴ)에 모음 **உ**(우)를 결합시킨 것이다. 이렇게 **உடைய**(/우다이아/)를 붙여 쓰면 상대방을 높일 수도 있고 자신을 낮출수도 있다.

8) 나이묻기 1

몇 살이니?

친구1: **உன் வயது என்ன ?**너의 나이가 어떻게 되니?
(운 바야두 엔나?)

친구2: **என் வயது முப்பத்தி ஐந்து** .내 나이는 서른 다섯살(이다).
(엔 바야두 뭎팥티 아인두)

설명

동년배끼리 나이를 묻고 답하는 표현이다. 묻는 친구와 대답하는 친구가 일반소유격 대명사를 동등하게 사용하고 있다.

핵심어휘

வயது(/바야두/): '나이'란 뜻의 명사다. 우리말의 '춘추'와 비슷한 낱말이 바로 **காலம்**(/카-람/)인데, 정확히는 '절기'를 나타낸다. 4계절을 나타내는 낱말에 이 **காலம்**(/카-람/)이 들어간다.

முப்பது(/뭎파두/): '30'을 나타내는 수사이다.

ஐந்து(/아인두/): '5'를 나타내는 수사이다.

9) 나이묻기 2

윗사람과 아랫사람 사이

아랫사람: **உங்கள் வயது என்ன** ?선생님의 나이가 어떻게 되시는지요?
(운갈 바야두 엔나?)

윗 사 람: **என் வயது ஐம்பத்தி மூன்று** .내 나이는 쉰 셋(이다).
(엔 바야두 아임팔티 문-드루)

설명

아랫사람과 윗사람 사이에 나이를 묻고 답하는 표현이다. 아랫사람이 **உங்கள்**(/운갈/)로 묻고, 윗사람이 **என்**(/엔/)으로 대답하고 있다.
반대로, 윗사람과 아랫사람 사이에 나이를 묻고 답할 때는 위와 정확히 반대로 하면 된다.

핵심어휘

உங்கள்(/운갈/): **உங்களுடைய**(/운가루다이아/)라는 표현으로 바꿔서도 존칭의 의미를띤다.

ஐம்பது(/아임파두/): '50'이란 뜻을 나타내는 수사다. '50'을 우리말로 '오'와 '십'을 합쳐서'오십'이라고 하는 것처럼 타밀어에서도 똑같이 말한다. 타밀어에서 '5'는 **ஐந்து**(/아인두/)이고, '10'은 **பத்து**(/팔투/)이다. 이 둘을 합쳐서 **ஐம்பத்தி**(/아임팔티/)가 된다. 물론 약간의 음운변화가 일어난다.

மூன்று(/문드루/): '3'을 나타내는 수사이다. 타밀어 낱말에서 **ன்று**(/ㄴ루/)가 연속해서 나오면 '드루'라고 읽는다.

10) 출신묻기

어느 나라 출신이십니까?

사람1: நீங்கள் எந்த நாட்டை சேர்ந்தவர் ?당신은 어느 나라에서 왔습니까?
(닌-갈 엔다 낱-타이 샐-ㄴ다발?)

사람2: நான் தென்கொரியா நாட்டைச் சேர்ந்தேன் .나는 한국 나라에서 왔습니다.
(난- 덴코리야- 낱-타잇 샐-ㄴ댄-)

설명

출신을 물어보는 표현이다.

핵심어휘

எந்த(/엔다/): '어느' 라는 뜻의 형용사다.

நாட்டை(/낱-타이/): '나라'라는 뜻의 명사 நாடு(/나-두/)의 목적격이다.

சேர்ந்தவர்(/샐-ㄴ다발/): '도착하다'라는 뜻의 동사 சேர்தல்(/샐-달/)에서 어간 சேர்(/샐-/)에 과거 시제를 나타내는 선어말어미 ந்த்(/ㄴㄷ/)와 3인칭 단수 남성 존칭형어미 அர்(/알/)이 결합한 것이다. 주어에 존칭형 어미 கள்(/갈/)이 있으므로 서술어의 어말어미에 அர்(/알/)이 왔다. சேர்ந்தார்(/샐ㄴ달/)로 써도 된다. 여기서는 조음상 வ்(/ㅂ/)가 삽입되었다.

தென்கொரியா(/덴코리아-/): '오른쪽에 있는 코리아'라는 뜻이다. தென்(/덴/)은 '오른쪽'이란 뜻의 명사다.

சேர்ந்தேன்(/샐-ㄴ댄-/): '(내가)왔다'라는 뜻이다. 서술어의 어미 ஏன்(/앤-/)을 보면 알 수 있다. சேர்ந்தவன்(/샐ㄴ다반/)이라고도 쓸 수 있다. 이렇게 쓰면, '온 남자'라는 뜻이 된다.

2. 학교생활

1) 학교에 언제 가니?

사람1: நீ எப்பொழுது பள்ளிக்கு செல்வாய் ?너 언제 학교에 가니?
(니- 엡포루두 팔릭쿠 셀바-이?)

사람2: நான் காலையில் 9 மணிக்கு செல்வேன் .나는 오전 9시에 갈거야
(난- 카-라이일 9 마닉쿠 셀밴-).

설명

친구끼리 묻고 답하는 상황이다. 첫번째 문장에서 주어가 நீ(/니-/)이므로 서술어의 어말어미가 ஆய்(/아-이/)가 왔다. 두번째 문장에서 주어가 நான்(/난-/)이므로 서술어의 어말어미가 ஏன்(/앤-/)이 왔다.

핵심어휘

பள்ளிக்கு(/팔릭쿠/): '학교에'라는 뜻이다. பள்ளிக்கு는 '학교'라는 뜻의 명사 பள்ளி(/팔리/)에 '-에게/-에'라는 뜻의 접미사 க்கு(/ㅋ쿠/)가 붙은 것이다.

செல்வாய்(/셀바-이/): 주어가 2인칭 단수일때, '가다'라는 뜻의 동사 செல்(/셀/)의 미래시제이다.

காலையில்(/카-라이일/): '오전에'라는 뜻이다. காலையில்는 '오전'이라는 뜻의 명사 காலை(/카-라이/)에 '-에'라는 뜻의 후치사 இல்(/일/)이 결합한 것이다.

மணிக்கு(/마닉쿠/): '시에'라는 뜻이다. '시'라는 뜻의 명사 **மணி**(/마니/)에 '-에'라는 접미사 **க்கு**(/ㅋ쿠/)가 붙은 것이다.
செல்வேன்(/셀밴-/): 주어가 1인칭 단수 주어일 때 **செல்**(/셀/)의 미래시제이다.

2) 학교 이름이 뭐지?

사람1: **உன் பள்ளிக்கூடத்தின் பெயர் என்ன ?**너의 학교의 이름이 뭐니?
(운 팔릭쿠-닫틴 페얄 엔나?)

사람2: **என்னுடைய பள்ளிக்கூடத்தின் பெயர் ஒக்இன்-பள்ளிக்கூடம்.**
(엔누다이야 팔릭쿠닫틴 페얄 옥 인 팔릭쿠-담).
저의 학교의 이름은 옥인학교입니다.

설명

친구이름을 물어볼 때는 '**உன் பெயர் என்ன?**'라고 한다는 것을 이미 배웠다. '너의'와 '이름' 사이에 '학교의'가 첨가하면 된다는 사실을 알면 좀 더 쉽게 다가온다.

핵심어휘

பள்ளிக்கூடத்தின்(/팔릭쿠-닫틴/): '학교의'라는 뜻이다. 이 낱말은 '학교'라는 뜻의**பள்ளி**(/팔리/)에 '건물'이라는 뜻의 **கூடம்**(/쿠-담/), 그리고 '-의'라는 소유를 나타내는 후지사 **இன்**(/인/)이 합쳐진 것이다. 그런데 **கூடம்**(/쿠-담/)이 자음 **ம்**(/ㅁ/)로 끝났기 때문에 **ம்**(/ㅁ/)가 탈락하고 대신 **த்த்**(/ㄷㄷ/)가 들어간 후 **இன்**(/인/)과 결합한 것이다.
என்னுடைய(/엔누다이야/): '나의'란 뜻이다. **என்**(/엔/)에 **ன்**(/ㄴ/)가 중복된 후, 소유를 나타내는 **உடைய**(/우다이야/)가 결합된 것이다.
பள்ளிக்கூடம்(/팔릭쿠-담/): '학교건물/학교'란 뜻이다. **க்**(/ㅋ/)는 사잇소리로 첨가된 것이다.

3) 학교는 얼마나 멀지?

사람1: **இங்கிருந்து உன் பள்ளிக்கூடம் எவ்வளவு தூரம்?**
(인키룬두 운 팔릭쿠-담 엡바라부 두-람?)
여기서부터 너의 학교 얼마나 멀지?

사람2: **இங்கிருந்து இருபது நிமிடம் செல்ல வேண்டும்.**
(인키룬두 이루파두 니미담 셀라 밴-둠).
여기서부터 20분 가야 해.

설명

거리를 물어보는 표현이다. 첫번째 문장은 '**உன் பள்ளிக்கூடம் இங்கிருந்து எவ்வளவு தூரம்?**'이라고 표현해도 된다.

핵심어휘

இங்கிருந்து(/인키룬두/): '여기서부터'란 뜻이다. '이 장소'란 뜻이 명사 **இங்கு**(/인쿠/)에 '-로부터'란 뜻의 후치사 **இருந்து**(/이룬두/)가 결합한 낱말이다.

எவ்வளவு(/엡바라부/): '얼마나 많이'란 뜻이다.

தூரம்(/두-람/): '거리'란 뜻이다.

இருபது(/이루파두/): '20'이란 뜻이다. '2'를 뜻하는 **இரண்டு**(/이란두/)와 '10'을 뜻하는**பத்து**(/팔투/)가 합쳐진 것이다.

நிமிடம்(/니미담/): 영어 'minutes'를 나타낸다. 단수 '분'을 뜻하는 **நிமிஷம்**(/니미샴/)의 복수형이다.

4) 학교는 언제 끝나지?

사람1: பள்ளிக்கூடம் எவ்வளவு நேரம் வரை செயல்படும்?
(팔릭쿠-담 엡바라부 내-람 바라이 세얄파둠?)
학교는 얼마나 많은 시간 동안 (공부)해야하지?

사람2: பள்ளிக்கூடம் மாலை 4-மணி வரை செயல்படும்
(팔릭쿠-담 마-라이 4-마니 바라이 세얄파둠)
학교는 오후 4시까지 해야해.

설명

수업이 끝나는 시간을 묻는 표현이다.

핵심어휘

நேரம்(/내-람/): '시간'을 뜻하는 명사다.

வரை(/바라이/): '기간'을 뜻하는 명사다.

செயல்படும்(/세얄파둠/): '해야한다' 라는 뜻으로 동사 செயல்படு(/세얄파두/)에 어말어미 உம்(/움/)이 붙어 3인칭 단수 중성명사의 미래시제를 나타낸다.

மாலை(/마-라이/): '오후'를 의미하는 명사다.

மணி(/마니/): '시'

5) 너는 어느 과목을 가장 좋아하니?

사람1: **உனக்கு எந்த பாடம் மிகவும் பிடிக்கும்?**
(우낰쿠 엔다 파-탐 미카붐 피딕쿰?)
너는 어떤 과목을 가장 좋아하니?

사람2: **எனக்கு அறிவியல் மற்றும் தமிழ் மிகவும் பிடிக்கும்.**
(에낰쿠 아리비얄 마트룸 다밀 미카붐 피딕쿰)
나는 과학 그리고 타밀어를 가장 좋아해.

설명

'좋아한다'라는 뜻의 동사 **பிடிக்கும்**(/피딕쿰/)의 주어형태에 유의해야 한다. 이 동사의 주어는 항상 4격명사(여격)형태로 온다. 그래서 두 문장의 주어가 **உனக்கு**(/우낰쿠/)와 **எனக்கு**(/에낰쿠/)가 왔다.

핵심어휘

பாடம்(/파-담/): '수업/과'라는 뜻의 명사다.
மிகவும்(/미카붐/): '가장'이란 뜻의 부사다.
பிடிக்கும்(/피딕쿰/): '좋아하다'라는 뜻의 동사다.
அறிவியல்(/아리비얄/): 과목 '과학'을 의미하는 명사다.
தமிழ்(/타밀/): 과목 '타밀어'를 의미한다.

3. 약국

1) 머리가 아파요.

எனக்கு தலைவலி இருக்கிறது. 저에게 두통이 있습니다.
(에낰쿠 다라이바리 이룩키라두).

எனக்கு மாத்திரை தேவைப்படுகிறது. 저에게 알약을 주세요.
(에낰쿠 맡-디라이 대-바잎파두키라두).

설명

'어디가 아파요'라고 말할 때는 '신체부위'를 뜻하는 명사에 '아픔/통증'을 나타내는 명사 **வலி**(/바리/)를 붙여서 말하면 된다.

핵심어휘

தலைவலி(/다라이바리/): '두통'이란 뜻의 명사다. '머리'라는 뜻의 명사 **தலை**(/다라이/)와 '통증'이란 뜻의 명사 **வலி**(/바리/)가 합쳐진 복합명사다.

மாத்திரை(/맡-티라이/): '알약'이란 뜻의 명사다. 일반적으로 '약'이라고 말할 때는 **மருந்து**(/마룬두/)라고 쓴다.

தேவைப்படுகிறது(/대-바잎파두키라두/): '주세요 또는 바랍니다'라는 뜻이다. 이 낱말은 '바람'을 뜻하는명사 **தேவை**(/대-바이/)와 사잇소리로 삽입된 **ப்**(/ㅍ/) '되게 해주세요/겪게 해주세요'라는 뜻을 나타내는 동사 **படு**(/파두/), 그리고 어미 **கிறது**(/키라두/)가 결합한 것이다. 동사 **படு**(/파두/)는 수동의 의미를 나타낼 때 쓰인다.

2) 열이 나고 기침이 납니다.

எனக்கு காய்ச்சல் மற்றும் இருமல் உள்ளது. 저에게 열 그리고 기침이 납니다.
(에낙쿠 카-잊찰 마트룸 이루말 울라두).

அது குணமாவதற்கு மருந்து இருந்தால் தரவும்
(아두 쿠나마-바달쿠 마룬두 이룬달- 다라붐).

그것이 가라앉는 약이 있으면 주세요.

설명

병증상을 2개 이어서 말할 때는 등위접속사 **மற்றும்**(/마트룸/)을 쓴다.

핵심어휘

காய்ச்சல்(/카-잊찰/): '열'을 뜻하는 명사다.

இருமல்(/이루말/): '기침'을 뜻하는 명사다. '기침하다'라는 동사는 **இருமு**(/이루무/)이다.

உள்ளது(/울라두/): '그렇습니다/그래요'란 의미다. 이 낱말은 '있음/존재'라는 뜻의 명사**உள்**(/울/), 조음상 중복된 **ள்**(/ㄹ/), 그리고 3인칭 단수 중성명사의 어말어미 **அது**(/아두/)가 결합된 것이다.

குணமாவதற்கு(/쿠나마-바달쿠/): '통증을 낫게하는'이라는 뜻이다. '치료하다/낫게하다'라는 뜻의 동사 **குணமாக்கு**(/쿠나막-쿠/)와 '통증을 일으키다'라는 뜻의 동사 **வதக்குதல்**(/바닥쿠달/)이 합쳐진 낱말이다.

மருந்து(/마룬두/): '약'을 뜻하는 명사다.

தரவும்(/다라붐/): '주세요' 라는 뜻이다.

4. 쇼핑하기

1) 가격 묻기

இந்த ஆடை என்ன விலை ? 이 옷은 가격이 얼마죠?
(인다 아-타이 엔나 비라이?)

கொஞ்சம் விலை குறைவானதாக தரவும் 조금 저렴한 옷을 주세요.
(콘삼 비라이 쿠라이바-나다-카 다라붐).

설명

가격을 묻는 표현이다.

핵심어휘

ஆடை(/아-다이/): '옷'을 의미하는 명사다.
விலை(/비라이/): '가격'을 의미하는 명사다.
கொஞ்சம்(/콘삼/): '약간'을 의미하는 형용사다.
குறைவானதாக(/쿠라이바-나다-카/): '낮게'라는 뜻의 부사다.

2) 싸이즈 말하기

எனக்கு இந்த ஆடை நல்லா இருக்குமா ?나에게 이 옷이 잘 맞을까요?
(에낙쿠 인다 아-타이 날라- 이룩쿠마-?)

உங்களின் அளவு எவ்வளவு ?손님의 사이즈가 얼마죠?
(운카린 아라부 엡바라부?)

설명

사이즈에 관한 표현이다.

핵심어휘

நல்லா(/날라-/): '잘' 이라는 뜻의 부사다. '멋진/훌륭한'이라는 뜻의 형용사 **நல்ல**(/날라/)에 **ஆ**(/아-/)를 붙여서 만든 부사다.

இருக்குமா(/이쿡쿠마-/): '입니까?'라는 뜻이다. 평서문에서 3인칭 단수 중성명사가 주어일때 **இருக்கும்**(/이룩쿰/)이 온다. 그런데 이 평서문을 의문문으로 만드려면 서술어의 어미에 모음 **ஆ**(/아-/)를 붙이면 된다.

உங்களின்(/운카린/): '선생님의'란 뜻이다. **உங்கள்**(/운칼/)에 '-의'란 뜻이 후치사 **இன்**(/인/)이 결합한 것이다.

அளவு(/아라부/): '사이즈/크기'를 뜻하는 명사다.

3) 색상 말하기

வேறு நிறம் இருந்தால் கொடுக்கவும். 다른 색이 있으면 주세요.
(배-루 니람 이룬달- 코둑카붐).

தரமானதாக இருந்தால் தரவும் 좀 연한 색이 있다면 주세요.
(다라마-나다-카 이룬달- 다라붐).

설명

색상에 관련된 표현이다.

핵심어휘

வேறு(/배루/): '다른 것/새로운 것'이라는 뜻이 명사다.

நிறம்(/니람/): '색/색깔'을 의미하는 명사다.

இருந்தால்(/이룬달-/): '있다면'이라는 뜻이다. 조건문 문장이다. '이다/있다'라는 뜻의 동사 இரு(/이루/)에 과거시간을 나타내는 선어말어미 ந்த்(/ㄴㄷ/)를 붙이고, 마지막으로 조건을 나타내는 어미 ஆல்(/알-/)을 붙인 것이다. ஆல்(/알-/)은 '-다면'의 의미를 갖는다.

கொடுக்கவும்(/코둑카붐/): '주세요'란 뜻이다. '주다'라는 뜻의 동사 கொடு(/코두/)에 부정사형 어미 க்க(/ㅋ카/), 조음상 삽입된 자음 வ்(/ㅂ/), 그리고 உம்(/움/)이 결합한 것이다.

5. 감정표현

1) 행복과 슬픔 표현하기

நான் மிகவும் மகிழ்ச்சியாக இருக்கிறேன் 나는 매우 행복합니다.
(난- 미카붐 마킬ㅊ치야-카 이룩키렌-).

நான் மிகவும் சோகமாக இருக்கிறேன் 나는 매우 슬픕니다.
(난- 미카붐 소-카마-카 이룩키렌-).

설명

행복과 슬픔을 나타내는 표현이다. 2번째 문장을 문자대로 해석하면, '나는 매우 슬프게 있습니다'라는 뜻이다.

핵심어휘

மிகவும்(/미카붐/): '매우'라는 뜻의 부사다.

மகிழ்ச்சியாக(/마킬ㅊ치야카/): '행복하게'라는 뜻의 명사 **மகிழ்ச்சி**(/마킬ㅊ치/)에서 파생한 부사다.

சோகமாக(/소-카마-카/): '슬픔/비통'이라는 뜻의 명사 **சோகம்**(/소-캄/)에서 파생한 부사다.

2) 화남과 부끄러움 표현하기

நான் கோபமாக இருக்கிறேன் 나는 화가납니다.
(난- 코-파마-카 이룩키렌-).

நான் மிகவும் வெட்கப்படுகிறேன் 나는 매우 부끄럽습니다.
(난- 미카붐 벹캎두키렌-).

설명

화남과 부끄러움을 나타내는 표현이다.

핵심어휘

கோபமாக(/코-파마-카/): '화나게'라는 뜻의 부사다. '화남/어리석음'이라는 뜻의 명사**கோபம்**(/코-팜/)에 부사형어미 **ஆக**(/아-카/)를 붙여 만든 부사다.

வெட்கப்படுகிறேன்(/벹캎파두키랜-/): '(내가)부끄러워지다'라는 뜻이다. '부끄러움'이라는 뜻의 명사 **வெட்கம்**(/벹캄/)에 피동형동사 **படு**(/파두/), 그리고 현재시간을 나타내는 선어말어미**கிறு**(/키루/)에 1인칭 단수 주어에 맞는 어말어미 **ஏன்**(/앤-/)이 결합한 것이다.

3) 고통과 어려움 표현하기

நான் மிகவும் வேதனைப்படுகிறேன் 나는 매우 고통스럽다.
(난- 미카붐 배-다나잎파두키렌-).

நான் மிகவும் கஷ்டப்படுகிறேன் 나는 매우 어렵습니다.
(난- 미카붐 카샤탚파두키렌-).

설명

고통과 어려움을 나타내는 표현이다. '당하다/겪는다'라는 뜻을 나타내는 피동형동사 படு(/파두/)의 쓰임을 잘 익혀두어야 한다.

핵심어휘

மிகவும்(/미카붐/): '매우', '극도로'라는 뜻이다. மிக(/미카/)만 써도 같은 뜻이 되지만, 조음상 자음 வ்(/ㅂ/)를 넣고 உம்(/움/)을 덧붙이면 '완전히'라는 뜻이 더해져 의미가 강조된다.

வேதனைப்படுகிறேன்(/배다나잎파두키랜-/): '(내가)고통을 겪는다'라는 의미다. '고통'을 의미하는 명사 வேதனை(/배-다나이/)에 피동형동사 படு(/파두/), 그리고 கிறேன்(키랜-/)이 결합한 것이다.

கஷ்டப்படுகிறேன்(/카사탚파두키랜-/): '(내가)어려움을 겪는다'라는 의미다. கஷடம்(/카사담/)은 '어려움'을 뜻한다.

4) 공포와 지루함 표현하기

நான் மிகவும் பயப்படுகிறேன் .나는 매우 공포스럽습니다.
(난- 미카붐 파얍파두키랜-).

நான் மிகவும் சலிப்பாக இருக்கிறேன் 나는 매우 지루 합니다.
(난- 미카붐 사립파-카 이룩키랜-).

설명

공포와 지루함을 나타내는 표현이다.

핵심어휘

பயப்படுகிறேன்(/파얍파두키랜-/): '(내가)공포를 겪는다'라는 뜻이다. '공포'라는 뜻의 명사 **பயம்**(/파얌/)에서 자음 **ம்**(/ㅁ/)가 탈락한 후, **படுகிறேன்**(/파두키랜-/)이 결합한 것이다. **ப்**(/ㅍ/)는 사잇소리로 첨가된 것이다.

சலிப்பாக(/사맆파-카/): '지루하게'라는 뜻의 부사다. '지루함'이라는 명사 **சலிப்பு**(/사맆푸/)에 부사형어미 **ஆக**(/아-카/)가 붙어서 된 부사다.

5) 만족과 후회 표현하기

நான் மிகவும் நிம்மதியாக இருக்கிறேன் 나는 매우 만족하게 있습니다.
(난- 미카붐 님마디야-카 이룩키랜-).

நான் மிகவும் வருத்தப்படுகிறேன் 나는 매우 후회합니다.
(난- 미카붐 바룯탑파두키랜-).

설명

만족과 후회를 나타내는 표현이다.

핵심어휘

நிம்மதியாக(/님마디야-카/): '평안/만족'을 의미하는 **நிம்மதி**(/님마디/)에 부사형어미 **ஆக**(/아-카/)가 붙어서 명사에서 부사로 파생된 낱말이다.

வருத்தப்படுகிறேன்(/바룯탑파두키랜-/): '(나는)후회하고 있다'라는 의미다. '비통/후회'를 의미하는 명사 **வருத்தம்**(/바룯탐/)에 **படுகிறேன்**(/파두키랜-/)이 결합한 것이다.
만약 주어가 3인칭 단수 여성이라면, **வருத்தப்படுகிறாள்**(/바룯탑파두키랄-/)이 될 것이다.

연습문제 정답

தமிழ் அறிமுகம்

연습문제 1 정답

① 남성명사 ② 여성명사 ③ 중성명사

연습문제 2 정답

① 신들(தேவர்கள்/대-발갈/)
② 선생님들(ஆசிரியர்கள்/아-시리얄갈/)
③ 학생들(மாணவர்கள்/마-나발갈/)
④ 가방들(பைகள்/파이갈/)
⑤ 손들(கைகள்/카이갈/)
⑥ 날들(நாள்கள்/날-갈/)
⑦ 집들(வீடுகள்/비-두갈/)
⑧ 꽃들(பூக்கள்/푹-칼/)

연습문제 3 정답

① நான் பந்தை எறிகிறேன். 나는 공을 던진다.
② அவன் ஆற்றை பார்க்கிறான். 그는 강을 본다.

연습문제 4 정답

① அவன் வர்த்தகனோடு வருகிறான். 그는 상인과 함께 온다.
② அவள் வர்த்தகனோடு பார்க்கிறாள். 그녀는 상인과 함께 본다.

연습문제 5 정답

① அவள் வா்த்தகனுக்கு பூவை கொடுத்தாள் .
(간접목적격 명사)
그녀는 상인에게 꽃을 주었다.

② அவன் வா்த்தகனாக நீரை கொடுத்தான்.
(간접목적격 명사)
그는 상인을 위해서 물을 주었다.

연습문제 6 정답

① கொரியாவின் வடக்கே சீனா உள்ளது. 한국의 북쪽에 중국이 있다.

② கொரியாவிலிருந்து மேற்கே இந்தியா உள்ளது.
한국으로부터 서쪽에 인도가 있다.

연습문제 7 정답

① இந்த வண்டி வா்த்தகனுடையது. 이 차는 상인의 것이다.

② அந்த வீடு உங்களுடையது. 저 집은 당신의 집이다.

연습문제 8 정답

① மகன் → (மகனிடம்)
아들 아들 안에

② தாய் → (தாயிடம்)
어머니 어머니 안에

③ தலை → (தலையிடம்)
머리 머리 안에

연습문제 9 정답

① வர்த்தகன் → வர்த்தகனா
상인 상인아?

② மரம் → மரமா
나무 나무야?

③ நகம் → நகமா
손톱 손톱아?

연습문제 10 정답

① பாம்புவிடம் தீமை இருக்கிறது.
뱀에겐 악함이 있다.

연습문제 11 정답

① ஒழுக்கமாய் நடத்தல் நன்மை கொடுக்கிறது.
도덕적으로 행동하면, 상을 준다.

연습문제 12 정답

① நான் மாணவன். 나는 학생이다.
(인칭대명사/주격)

② நீங்கள் மருத்துவர். 당신은 의사입니다.
(인칭대명사/주격)

연습문제 13 정답

① நாங்கள் பார்க்கிறோம். (너희들은 본다/보고 있다).
(주격 복수 인칭대명사)

② அவர்கள் பார்க்கிறார்கள். (그들은/그것들은 본다/보고 있다).
(주격 복수 인칭대명사)

연습문제 14 정답

① அவள் அவனை விரும்புகிறாள். 그녀는 그를 좋아한다.
(목적격)

연습문제 15 정답

① அவள் உங்களை பகைகிறாள். 그녀는 너희들을 싫어한다.
(목적격)

연습문제 16 정답

① அவன் அவளுடன் வருகிறான். 그는 그녀와 함께 온다.
도구격 대명사

② அவள் நானோடு கண்டேன். 그는 나와 함게 보았다.
도구격 대명사

연습문제 17 정답

அவர் உம்மால் செல்கிறார். 그 분은 너희와 함께 간다.
도구격대명사

அவள் நம்மால் உட்கார்கிறாள். 그녀는 우리와 함께 앉는다
도구격대명사

연습문제 18 정답

உனக்கு ஒரு பந்தை வாங்குகிறான். (그는) 너에게 한 개의 공을 사줍니다.
간접목적격 대명사

அவன் உங்களுக்குப் பரிசுகளை கொடுக்கிறான். 그는 너희에게 선물을 줍니다.
간접목적격 대명사

연습문제 19 정답

① நமக்கு ஒரு பந்தை கொடுங்கள். 우리에게 한 개의 공을 주세요.
4격대명사

② அவளுக்கு சட்டையை வாங்க வேண்டும். 그녀에게 셔츠를 사줘야 한다.
4격대명사

연습문제 20 정답

① அது என் கார் இருக்கிறது. 저것은 나의 차이다.
인칭대명사의 소유격

② அது உன் வீடு இருக்கிறது. 저것은 너의 집이다.
인칭대명사의 소유격

연습문제 21 정답

① நீங்கள் நம் மாணவர்கள் இருக்கிறார்கள். 여러분은 우리의 학생들입니다.
인칭대명사의 소유격

② நாங்கள் உம் ஆசிரியர்கள் இருக்கிறோம். 우리는 너희의 선생들이다.
인칭대명사의 소유격

연습문제 22 정답

① அது என் பை இருக்கிறது. 저것은 나의 가방이다.
지시대명사

② இது அவளுடைய புத்தகம் இருக்கிறது. 이것이 그녀의 책이다.
지시대명사

연습문제 23 정답

① உன் தாய் யார்? 너의 어머니가 누구시지?
의문대명사 (யார்)

② இது என்ன? 이것은 무엇이지?
의문대명사 (என்ன)

연습문제 24 정답

① துணிகளை வாங்கின் அவளை பாருங்கள். 옷을 산 그녀를 보세요.
② குளித்த குழந்தையை பாருங்கள். 목욕한 아이를 보세요.

타밀어 단문 독해연습 1 정답

(1) 숲속 안의 진흙.
(2) 소가 숲속에서 풀뜯는다.
(3) 목동이 황소를 풀 뜯긴다.
(4) 훌륭한 의사가 집으로/집에왔다.
(5) 어린 소가 숲속의 나무를 망가뜨렸다.

타밀어 단문 작문연습 1 정답

(1) அவள் மகனுடன் வந்தாள் .
(2) நான் காட்டில் நாய்யை கூப்பிட்டேன் .
(3) மேய்ப்பான் நாட்டில் பசுவை மேய்ப்பான் .
(4) வைத்தியன் காட்டில் அழிந்தான் .
(5) சின்ன மகளக இதை செய்.

타밀어 단문 독해연습 2 정답

(1) (나는) 양을 보았다.
(2) 목동이 황소를 먹였다.
(3) (나는) 소랑 소년이랑 보았다.
(4) (그는) 아빠랑 엄마랑 불렀다.
(5) 착한 상인이 한 그루 나무를 줄 것이다.

타밀어 단문 작문연습 2 정답

(1) அவர்கள் ஆட்டை பார்க்கிறார்கள்.
(2) நாம் காட்டை அழிக்கிறோம்.
(3) நான் புனையை பார்த்தேன்.
(4) அவள் புத்தகத்தை கொடுக்கிறாள்.
(5) அவன் வீட்டை பார்த்தேன்.

타밀어 단문 독해연습 3 정답

(1) 나무들을 들어라.
(2) 어린이들에게 주어라.
(3) 저것은 의사들의 집들(이다).
(4) 개들을 세워라.
(5) 저 상인들에게 말해라.

타밀어 단문 작문연습 3 정답

(1) அவர் மேய்ப்பானால் அந்த பசுக்களை பார்த்தார்.
(2) அவன் அவர்கள் இந்த புத்தகமில் படித்தான்.
(3) அவர்கள் வார்த்தகன்கள்.
(4) வியாபாரிகள் எங்கே இருக்கிறார்கள்?
(5) அந்த மக்கள் எங்கே இருக்கிறார்கள்?

타밀어 단문 독해연습 4 정답

(1) (그는) 과를 읽었다.
(2) 찬물이 어디에 (있지)?
(3) 기도자가 읽고 있나?
(4) 그에게 돈이 있다.
(5) 테이블을 이쪽에 두어라.

타밀어 단문 작문연습 4 정답

(1) அவன் வீட்டில் படிக்கிறான்.
(2) பையன் ஆற்றில் புத்தகத்தை படிக்கிறது.
(3) அவள் பாடத்தை கேள்றாள்?
(4) வீட்டில் தண்ணீர் இருகிறது?
(5) நான் உப்பு வேண்டும்.

타밀어 단문 독해연습 5 정답

(1) 우리들에 의해서(함께) 사라졌다.
(2) 그는 그것을 이렇게 했다.
(3) 나에 의해서(함께) 아이들이 간다.
(4) 당신의 (선생님의) 책을 어린 어린이에게 주어라.
(5) 너의 아빠가 집에 계시다.

타밀어 단문 작문연습 5 정답

(1) அவர்கள் என் சின்ன புத்தகங்கள்.
(2) எப்போது என் மாது காட்டில் மேய்கிறது?
(3) என் அப்பா எங்கே இருக்கிறார்?
(4) எங்களுக்கு மத்தியில் எவர் வாசி?
(5) சின்ன பையன் அவர்களுடன் வீட்டில் வந்தது.

타밀어 단문 독해연습 6 정답

(1) 나는 큰(멋진) 남자 이다.
(2) 그녀는 좋은 엄마다.
(3) 그는 나쁜 상인이다.
(4) 나는 어린 소년을 보았다.
(5) 그분들은 이것을 해야한다.

타밀어 단문 작문연습 6 정답

(1) இந்த பழைய மரம்.
(2) அதைச் செய்.
(3) (அவன்) எங்களைத் தொட்டான்.
(4) நீ சின்னப் பையன்.
(5) நீர் பெரிய வர்த்தகன்.

타밀어 단문 독해연습 7 정답

(1) 이것을 믿어야한다.
(2) 어느 것을 해야 하나요?
(3) 너는 무엇을 하고 있니?
(4) 저것을 이해하나요?
(5) 어린 소년이 부지런히 공부하고 있나요?

타밀어 단문 작문연습 7 정답

(1) அவன் எப்போழுது படிக்கிறான்?
(2) இதை எனக்கு படிக்க வேண்டும்?
(3) அந்த வைத்தியன் என்ன சொல்லவன்?
(4) கவனிப்பவர் அங்கே இருக்கிறது?
(5) அவன் காவலாள் இல்லை.

타밀어 단문 독해연습 8 정답

(1) 그가 나를 혼낼 것이다.
(2) 착한 의사가 (책을) 읽을 것이다.
(3) 그녀가 큰 개를 주었다.
(4) 어린이가 (책을/무엇인가를) 읽었다. –과거시제
(5) 멋진 어린이가 (책을/무언가를) 읽었다.

타밀어 단문 작문연습 8 정답

(1) சின்ன நாய் அதை அழித்தது.
(2) கெட்ட ஆண் அவைகளை அழிப்பது.
(3) அவன் அதை கொடுத்தான்.
(4) நான் கொடுப்பேன்.
(5) வைத்தியன் அதை கொடுத்தான்.

타밀어 단문 독해연습 9 정답

(1) (그녀는) 옷을 만들고 있습니다.
(2) (나는) 집에서 무엇을 만들었을까요?
(3) (그는) 어디에 누웠습니까?
(4) (그것은) 숲에서 자랐다.
(5) 숲에서 어떤 나무가 자랐다.

타밀어 단문 작문연습 9 정답

(1) பழ மரம் காட்டில் வளர்ச்சி.
(2) ஏன் நீ படர்கிறய்?
(3) நான் எளிமையான இருக்க வேண்டும்?
(4) அவர்கள் ஊக்கமுள்ள இருக்க வேண்டும்.
(5) நீங்கள் தலைவலி அல்லது வயிற்றுவலி இருக்கிறது?

타밀어 단문 독해연습 10 정답

(1) 멋진 어린이들이 책을 보고 있다.
(2) 지금 읽어라.
(3) 책을 닦아라.
(4) (선생님께서는) 어디로 가시나요?
(5) 회계사랑 상인이랑 쓴다. (회계사 그리고 상인이 쓴다.)

타밀어 단문 작문연습 10 정답

(1) அவள் இதை செய்க்கிறாள்.
(2) அவர்கள் வீட்டில் புத்தகத்தைப் படிக்கிறார்கள்.
(3) நாம் காட்டில் ஆட்டை மேய்க்கிறோம்.
(4) நாங்கள் இப்போ வீட்டில் போக்கிறோம்.
(5) அம்மா குரன்தையை நல்ல வார்த்தகனுடைய வீட்டில் கொண்டு போகிறாள்.

타밀어 단문 독해연습 11 정답

(1) 목동이 있는 곳에서 염소가 풀을 뜯는다.
(2) (그가) 어떻게 사라졌나?
(3) 하루가 갔다.
(4) 회계사는 이것을 올바르게 알았다.
(5) 경비원이 저 돈을 주웠다.

타밀어 단문 작문연습 11 정답

(1) பகல் கழிந்தது.
(2) நாங்கள் நேற்று வீட்டில் இருக்க வேண்டும்.
(3) அந்த நல்ல பையன் இந்த பாடம் சரியாய் தெரிந்தது.
(4) நீங்கள் குழந்தைகளை அடித்த கூடாது.
(5) அவன் சேற்றில்(மண்) விழுந்தான்.

타밀어 단문 독해연습 12 정답

(1) 비가 내렸다.
(2) (나는) 이것을 똑바로했다.
(3) (그가) 여성 옷을 짰다.
(4) 그녀는 업무 보좌관을 혹사시켰다.
(5) (그분이) 나를 혹사시켰다.

타밀어 단문 작문연습 12 정답

(1) நான் வீட்டில் புக்கேன்.
(2) அவள் ஏனெனில் வறுமை பட்டாள்.
(3) அவன் பனம் பெற்றான்.
(4) அவன் வேலை அற்றான்.
(5) நான் வீடு கட்டினேன்.

타밀어 단문 독해연습 13 정답

(1) 문을 여는 것이 필요합니다.
(2) 사무보좌관(비서)이 문을 여나요?
(3) 어느 분이 강을 건너십니까?
(4) 너 어떻게 저 집을 열었지?
(5) 소년, 너 이것을 잊지 말아야 한다.

타밀어 단문 작문연습 13 정답

(1) கதவை திற.
(2) அவள் ஆற்றை கடந்தள்.
(3) அவன் தண்ணீர் மற்றும் பால் கலந்தான்.
(4) சிறிய மகன் முன் கற்ற பாடம் மறந்தது.
(5) நான் அந்த மாட்டை மறந்தேன்.

타밀어 단문 독해연습 14 정답

(1) 저 소는 무엇을 할거지?
(2) 저것은 어떻게 될까?
(3) 나무가 집 안에 있을까?
(4) 아니, 숲속에 있을 거야.
(5) 소들이랑 양들이랑 저 숲속에서 풀뜯을 것이다.

타밀어 단문 작문연습 14 정답

(1) அது எப்படி செய்ய வேண்டும்?
(2) அந்த பையன் என்ன படிப்பான்?
(3) ஆடு வரும்
(4) அவன் அந்த கடித்தை தெரியும்?
(5) எப்போது அந்த பூ வளரும்?

타밀어 단문 독해연습 15 정답

(1) (그는) 나를 그 때 숲속에 남겨두었다.
(2) (그는) 나를 당신께 맡기는 것이 필요하다.
(3) 일꾼에게(대리인에게) 밥(을) 주었나요?
(4) (그분은) 이렇게 명령을 하달하셨다.
(5) 나에게 이것을 명령해 주는 것이 필요하다.

타밀어 단문 작문연습 15 정답

(1) அவன் உனக்கு(நீங்கள்) என்ன கொடுக்க வேண்டும்?
(2) ஏன் அவர்கள் அங்கே மரங்கள் நடுகிறீர்கள்?
(3) ஏன் மக்கள் நகரத்தை விட்டார்கள்?
(4) யார் இங்கே பாதிக்கப்பட்டார்?
(5) அவள் எங்கே மரம்(மரத்தை) நட்டாள?

타밀어 단문 독해연습 16 정답

(1) (나는) 이제 줄 것이다.
(2) 나의 소를 숲 속에서 보았나요?
(3) 엄마랑 아이랑 지금 올 것이다.
(4) 여러분이 저를 그의 편에 복종시킵니다..
(5) (당신은) 상인측에서 무엇을 삽니까?

타밀어 단문 작문연습 16 정답

(1) எவன் அங்கே வருவான்?
(2) எவன் உனக்கு இதை கொட்டான்?
(3) அந்த பாடம(பாடத்தை) சொல்ல வேண்டாம்.
(4) அந்த கார் இங்கே நிறுத்த வேண்டும்.
(5) நாம் காவலாளியிடம் அந்த வீட்டில் போவோம்.

타밀어 단문 독해연습 17 정답

(1) 숲속에 나무들이 있다.
(2) 강에 진흙이 있다.
(3) 엄마는 집에 없다.
(4) 그녀는 나의 엄마가 아니다.
(5) 염소들에게 목동이 없다.

타밀어 단문 작문연습 17 정답

(1) இங்கே நல்ல வைத்தியன் உண்டு.
(2) அந்த காட்டில் ஒரு பசு உண்டு.
(3) அவன் சின்ன பையன் ஆல்ல.
(4) அந்த இங்கே இருகிறது.
(5) அது அங்கே இருக்க வேண்டும்.

타밀어 단문 독해연습 18 정답

(1) 저리로 가.
(2) 이리로 와.
(3) 저기에 서라.
(4) 집에 황소를 세워라.
(5) 상인의 아들에게 주세요.

타밀어 단문 작문연습 18 정답

(1) பிள்ளையை இங்கே கொண்டு வா.
(2) வைத்தியனுடைய மாட்டை அங்கே எடுத்து செல்ல.
(3) ஆற்றில் போ.
(4) வீட்டில் சென்று.
(5) சேறிருந்து இதை எடு.

타밀어 단문 독해연습 19 정답

(1) 어디에 회계사의 아빠가 (있지)?
(2) 이 누나는 어디에서 (왔지)?
(3) 저기 큰 소가 먹이를 먹는다.
(4) 의사의 새 차가 어느 것이지?
(5) 어린 아이가 이 책을 읽었다.

타밀어 단문 작문연습 19 정답

(1) அவள் அப்பொழுது அவளுடைய மகளுடன் அழிந்தாள்.
(2) அவள் எப்பொழுது படிப்பாள?
(3) பையன் இப்பொழுது படிக்கிறான்.
(4) நல்ல மேய்ப்பான் இப்பொழுது மாட்டை மேய்க்கிறான்.
(5) அவளுடய புத்தகம எது?

타밀어 단문 독해연습 20 정답

(1) 소년은 책 읽는 것이 필요하다.
(2) 나에게 지금 필요하다.
(3) 지금 하는 것이 필요하다.
(4) 정확하게 발음하는 것이 필요합니다.
(5) 이 과는 나에게 이해된다.

타밀어 단문 작문연습 20 정답

(1) அதை சரியாக செய்.

(2) நீ அதை சரியாக செய்ய வேண்டும்.

(3) சின்ன பையன் இந்த பாடம் படிக்கிறது.

(4) அவன் இந்த பாடம் புரியவில்லை.

(5) இதைச் செய்ய வேண்டும்.

타밀어입문

한국문명교류연구소 교양총서 02

초판 1쇄 발행 2014년 8월 5일
초판 2쇄 발행 2015년 9월 1일

지 은 이 양기문
발 행 인 김인철
발 행 처 한국외국어대학교 지식출판원
02450 서울시 동대문구 이문로 107
전화 (02)2173-2493~7
팩스 (02)2173-3363
홈페이지 http://press.hufs.ac.kr
전자우편 press@hufs.ac.kr
출판등록 제6-6호(1969. 4. 30)
디자인·편집 디자인퍼브 02)2254-4308
인쇄·제본 네오프린텍(주) 02)718-3111

ISBN 978-89-7464-926-5 13790 정가 15,000원

HU:iNE 은 한국외국어대학교 지식출판원의 어학도서, 사회과학도서, 지역학 도서 Sub Brand이다. 한국외대의 영문명인 HUFS, 현명한 국제전문가 양성(International+Intelligent)의 의미를 담고 있으며, 휴인(携引)의 뜻인 '이끌다, 끌고 나가다'라는 의미처럼 출판계를 이끄는 리더로서, 혁신의 이미지를 담고 있다.